하루 10분
네 꿈을
기록하라

청소년 자소서를 위한 꿈 노트

하루 10분
네 꿈을
기록하라

Dream and design your own life!

박하식 지음

글로세움

10대는 꿈꾼다! 고로 존재한다

우리나라의 모든 초중등학생들은 너무나 바쁘게 살고 있습니다. 학교에서 수업이 끝나면 학원을 가거나 고등학생의 경우는 학교에 남아서 늦게까지 공부하는 생활을 쳇바퀴 돌듯 반복하고 있습니다. 눈만 뜨면 꽉 짜인 틀 속에서 생활해야 하고, 잠깐 눈치를 봐가며 핸드폰과 인터넷으로 게임이나 오락을 즐기다 보면 어느새 잠자리에 들어야 합니다. 꿈을 갖는 것보다는 상급학교에 진학하거나 좋은 학원이 어딘지 필요한 정보와 동영상을 찾는 시간만으로도 하루가 바쁘게 돌아갑니다. 꿈을 갖는 것이 허용되지 않는 사회에서 살고 있는 듯 보입니다.

이런 바쁜 삶을 살고 있는 것이 대한민국 학생들의 현주소이고, 이들과 매일을 함께 해야 하는 선생님 그리고 어른으로서 여러분에게 '꿈을 가져라'고 말하기가 미안하기도 하고 조심스럽기도 합니다. 하지만 나는 이들을 지도하면서 그래도 꿈을 가져야 한다고 강조하고 있습니다. 그 꿈도 아주 크게 가져야 한다고 늘 말하고 있습니다.

이렇게 말하면 "선생님! 말씀대로 저도 꿈을 갖고 싶어요. 그런데 어떤 꿈을 가져야 하는 건가요? 그리고 어떻게 그 꿈을 이룰 수 있나요?" 하고 질문하곤 합니다. 많은 학생들이 이 같은 궁금증을 지니고 있고, 나 또한 정말 제대로 된 답변을 준비해야만 되겠다는 생각이 들곤 했습니다. 정말 우리 청소년들이 꿈을 갖도록 교육하려면 그야말로 꿈같은 얘기가 아니라 현실적인 답변이 필요하다는 생각을 하게 되었습니다. 무조건 꿈을 가지라는 말보다는 꿈은 무엇이고, 왜 가져야 하고, 어떻게 가져야 하며, 꿈을 가지면 어떻게 되는지에 대한 구체적인 설명과 해답을 준비해야 했습니다.

그동안 우리 어른들은 여러분에게 쉽게 꿈을 가지라고는 말하면서 정작 자신이 품었던 꿈은 무엇이고, 그 꿈이 지금은 어떤 상태인지에 대한 얘기도 잘 해주지 못했습니다. 꿈 자체가 긍정적이고 희망적인 단어이긴 하지만, 꿈을 이루는 과정을 얘기한다면 그리 긍정적이고 아름다운 이야기일 수만은 없을 것입니다. 혹시 청소년기에 품었던 꿈대로 지금 나 자신이 살고 있지 못하다고 하더라도 우리 어른들이 가졌던 꿈이 무엇이었는지 그리고 그것이 지금 어떻게 되었는지에 대한 얘기를 들려주어야만 여러분의 꿈 찾기에 실질적인 도움이 될 수 있을 것입니다.

이 책은 꿈을 꾸면 무엇이든 다 해결될 것 같은 '꿈같은 얘기'를 다루고 싶진 않습니다. 학생들이 반드시 생각해야 하는 교육 활동 중 아주 많이 쓰는 말이 진로, 진학, 직업, 취업일 것입니다. 그래서 이 책에서는 진로, 진학, 직업이 꿈과 어떻게 관계가 있는지에 대해 알아보고, 생각을 정리하는데 도움이 되고자 합니다. 그리고 좀 더 근본적으로 꿈이 무엇인지, 왜 꿈을 왜 가져야 하는지에 대해서 함께 생각해 보려고 합니다.

사실 꿈은 여러분이 행복하게 살기 위해 가져야 할 조건이지 그 자체가 목적은 아니라는 것입니다. 그래서 우리에게 행복은 무엇인지 그리고 여러분 자신이 누구인지에 대한 자기 성찰이 있어야 합니다. 그래서 앞부분은 조금 어렵지만 근본적이고 철학적인 문제를 언급했습니다. 그리고 자신을 알아가는 현실적인 방법이 무엇인지도 제시했습니다.

우리는 꿈을 갖는다는 것을 흔히 '무엇(직위, Position)이 되는 것'을 우선 생각하는 경우가 많습니다. 그런데 꿈을 이룬 것으로 보이는 많은 분들은 그 자리에 오르겠다고 어렸을 때부터 정한 사람들이 그리 많지 않다는 것을 알 수 있습니다. '무엇이 되기 위한 꿈'은 꿈을 갖는 것의 한 부분이지 전체가 될 수 없다는 것입니다.

우리가 누군가를 존경하는 것은 그가 어떤 높은 자리에 올랐기 때문이라기보다는 그 자리에 오르기까지 그가 보였던 삶에 대한 자세 때문인 경우가 훨씬 많습니다. 그가 일관되게 살아왔던 방식, 삶에 대한 태도에 우리는 감동을 받고 존경하게 되는 것입니다. 그렇기 때문에 먼저 무엇이 되겠다는 꿈보다는 어떻게 살 것인가에 대한 꿈을 갖는 것이 먼저이고, 그 다음이 무엇이 되겠다는 꿈이어야 합니다. 그리고 꿈은 성취하면 끝나는 것이 아니라 처음 품었던 꿈이 이루어졌다고 하더라도 또 다른 꿈을 꾸며 살아가게 됩니다.

꿈을 가진 사람의 특징은 꿈을 소유하고 있는 것이 아니라 늘 꿈과 함께 살아가는 것입니다. 꿈은 소유하는 것이 아니라 꿈을 가진 상태로 존재하는 것입니다. 5장에서는 이러한 꿈을 가진 사람들의 특징과 제가 30년 전에 만났던 제자들, 지금은 40대가 되었지만 당시 중고등학생이었던 그들이 가졌던 꿈은 무엇이고, 지금은 어떻게 지내고 있는지, 그들이 꿈을 이룬 생생한 과정과 현재의 삶을 가감 없이 들려 드립니다. 어른이 된 그들이 청소년 때 어떤 생각을 했는지 지금의 '업業'을 수행하기까지의 과정과 친절하고 따뜻한 조언도 들을 수 있을 것입니다. 그들은 고개를 돌리면 만날 수 있는 바로 여러분 주위의 어른들입니다. 30년 동안 변함없이 찾아주고 좋은 글을 보내준 그들이 있어 참으로 행복합니다. 그래서 여러분 또한 이 책을 읽고 다음과 같은 생각을 가졌으면 하는 마음입니다.

> 우주에 하나 뿐인 나는 너무나도 소중하고, 나의 삶은 아름답고 행복해야 한다.
> 꿈은 나 자신의 삶을 아름답고 행복하게 살기 위해 꼭 필요한 것이다.
> 꿈은 무엇이 될 것인가 보다는 어떻게 살 것인가를 먼저 정하는 것이다.
> 무슨 일을 할 것인가가 직업과 진로를 결정하게 된다.
> 꿈을 가진 사람은 멋있고 아름답게 산다.

이보다 더 큰 목적은 언젠가는 여러분이 다른 이들이 꿈을 갖도록 도움을 주는 사람이 될 수 있게 하는 것입니다.

이 책은 우선 꿈에 관해 주제별로 정리하고, 이와 관련된 자료를 제시한 다음 여러분이 스스로 그 주제에 대하여 써보도록 구성이 되어 있습니다. 그래서 여러분이 이 책을 읽으면서 써 놓은 내용은 여러분이 어떤 사람인지를 알아가는 기본 자료가 되고, 지원하는 상급학교나 취업에 필요한 자기 소개서의 자료가 될 뿐 아니라 나중에 자신이 출간할 '책 씨앗'이 되기를 기대합니다. 그래서 이 책은 읽는 것이 아니라 스스로 생각하고 쓰는 책이라고 말씀드리고 싶습니다. 이 책을 읽고 여러분이 자신의 꿈과 진로를 찾아 행복한 삶을 계획하는데 도움이 된다면 더 바랄 것이 없겠습니다. 이 책을 읽는 청소년들로 인해 지금까지의 세상보다 더 멋지고 아름다운 세상이 열려지기를 기대하고 바랍니다.

孫信 박하시

차
례

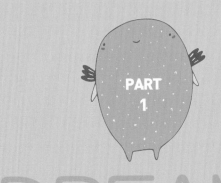

**PART
1**

DREAM
WHY

01

꿈은 쓰는 것에서
시작합니다

나의 삶이라는 캔버스는
내가 스케치하고 색을 채워가면서
하나의 작품을 완성해 나가야 합니다.
우리는 지금부터 나를 찾고, 나를 바꾸는,
꿈을 찾기위한 여정을 시작합니다.

네 꿈을 찾아라
Discovering the dreams I have.

우리는 지금, 1960년대 또는 그 이전보다는 보다 편리하고 안전하고 풍요로운 생활을 영위하고 있습니다. 지금 세계 10위권의 선진국가가 된 대한민국도 30년 전에는 불가능한 현실이었지만 누군가 '꿈'을 꾸었고, 그 '꿈'을 이룬 사람들이 많았기 때문에 지금의 대한민국이 있게 되었습니다. 남녀가 동등한 권리를 갖고 마음껏 사회생활을 할 수 있는 것도 50년 전 누군가의 '꿈'이 있었기에 가능한 일입니다.

이젠 여러분의 차례입니다. 이제 여러분은 자신의 꿈이 무엇인지 차근차근 생각해보는 시간을 갖도록 해봅시다. 이 여정을 통해 여러분만의 아름다운 꿈을 작성하게 될 것입니다.

 승자의 주머니 속에는 꿈이 있고, 패자의 주머니 속에는 욕심이 있다.
– 탈무드

꿈은 갖는 것이다
The dreams I possess

우리는 밤에 자면서 꾸는 꿈, 가끔 혼자 공상에 빠져 꾸는 꿈 등과의 혼돈을 피하기 위해 '꿈을 꾼다'는 표현 대신 '꿈을 갖는다, 꿈을 품는다'고 말합니다.

꿈을 갖는다는 것은 지금의 나 혹은 지금의 사회가 보다 더 좋아진 상태를 그려 보는 것입니다. 좋은 상태라 함은 '영향력'이 커진다는 것을 의미하는데, 내가 한 말이나 글, 행동이 많은 사람들에게 좋은 영향력을 미칠 수 있게 되고, 내가 속한 사회의 구성원들이 더욱 평화롭고 편안하게 살게 되는 세상을 그려보는 것입니다. 전쟁이나 가난으로부터 벗어나고, 불안과 공포로부터 해방된 상태, 그래서 나를 포함한 사회의 구성원 모두가 인간다운 삶을 살 수 있는 상태를 소원하는 것입니다.

꿈을 갖는다는 것은 이렇게 보다 아름다운 세상이 되는데 있어서 나의 역할이 무엇인지를 마음속에 품는 것입니다.

 세상에서 가장 불쌍한 사람은 돈이 한 푼도 없는 사람이 아니라 꿈이 없는 사람이다.
– 윌리엄 A. 워드

꿈은 무엇인가

What is a dream?

　　　　　　　　　　　　　　　'꿈'이란 공상이나 상상이 아니라 곧 현실이 될 수 있는 것이므로 비현실적이어서는 안 됩니다. 바로 현실이 되기 직전의 상태前現實라고 생각해야 합니다. 새로운 세상을 만들어 가는데 있어서 여러분 자신의 선한 영향력이 많아지는 것, 그것이 꿈이어야 합니다. 그래서 여러분이 품게 될 꿈은 다음과 같은 특징을 지니고 있어야 합니다.

　첫째, 꿈은 말과 글로 표현할 수 있어야 합니다.
　둘째, 꿈은 현재 나의 삶과 연결되어 있어야 하고, 나의 역할이 있어야 합니다.
　셋째, 꿈은 '무엇이 될 것인가'와 '어떻게 살 것인가'를 모두 포함해야 합니다.
　넷째, 꿈은 나와 내가 속한 사회에 희망을 주어야 합니다.
　다섯째, 꿈은 이루어졌는지 아루어지지 않았는지 확인 가능해야 합니다.

 자네가 무언가를 간절히 원할 때 온 우주는 자네의 소망이 실현되도록 도와 준다네.
　　 － 파울로 코엘료, 《연금술사》 중에서

"나에겐 꿈이 있습니다"

나에게는 꿈이 있습니다. 언젠가 이 나라가 떨쳐 일어나 진정한 의미의 국가 이념을 실천하리라는 꿈, 즉 모든 인간은 평등하게 태어났다는 진리를 우리 모두가 자명한 진실로 받아들이는 날이 오리라는 꿈입니다.

나에게는 꿈이 있습니다. 조지아의 붉은 언덕 위에서 과거에 노예로 살았던 부모의 후손과 그 노예의 주인이 낳은 후손이 식탁에 함께 둘러앉아 형제애를 나누는 날이 언젠가 오리라는 꿈입니다.

나에게는 꿈이 있습니다. 삭막한 사막으로 뒤덮인 채 불의와 억압의 열기에 신음하던 미시시피 주조차도 자유와 정의가 실현되는 오아시스로 탈바꿈되리라는 꿈입니다.

나에게는 꿈이 있습니다. 나의 네 자식들이 피부색이 아니라 인격에 따라 평가받는 나라에서 살게 되는 날이 언젠가 오리라는 꿈입니다.

지금 나에게는 꿈이 있습니다! 주지사가 연방 정부의 정책 개입과 연방법 실시를 거부한다는 말만 늘어놓는 앨라배마 주에서도, 흑인 소년, 소녀가 백인 소년, 소녀와 서로 손잡고 형제자매처럼 함께 걸어 다닐 수 있는 상황으로 언젠가 탈바꿈되리라는 꿈입니다.

지금 나에게는 꿈이 있습니다! 모든 계곡이 높이 솟아오르고, 모든 언덕과 산이 낮아지고, 울퉁불퉁한 땅이 평지로 변하고, 꼬부라진 길이 곧은 길로 바뀌고, 하나님의 영광이 나타나 모든 생물이 그 광경을 함께 지켜보리라는 꿈입니다.

이것이 바로 우리의 희망입니다. 이것이 바로 제가 남부로 돌아갈 때 지녀야 할 신념입니다. 이러한 신념만 있다면, 우리는 절망의 산을 깎아내어 희망의 돌을 만들어 낼 수 있을 것입니다. 이러한 신념만 있다면, 우리는 귀에 거슬리는 불협화음에 휩싸여 있는 우리나라를 아름다운 교향곡의 선율처럼 형제애가 넘쳐나는 나라로 변화시킬 수 있을 것입니다. 이러한 신념만 있다면, 언젠가는 우리가 자유로워지리라고 믿으면서, 함께 일하고, 함께 기도하고, 함께 투쟁하고, 함께 감옥에 가고, 함께 자유를 위해 싸울 수 있을 것입니다. 바로 그 날은 하나님의 모든 자손이 다음과 같은 노랫말의 의미를 되새기면서 노래를 부를 수 있는 날이 될 것입니다.

"당신은 나의 조국, 자유가 넘치는 향기로운 땅, 나 그대를 위해 노래하리. 나의 조상이 묻힌 땅, 순례자가 칭송하는 땅이여, 모든 산허리에 자유가 울려 퍼지게 하리!"

또한 미국이 위대한 국가가 되려면, 이것이 반드시 실현되어야 합니다. 그래서 뉴햄프셔의 거대한 산꼭대기에서 자유가 울려 퍼지게 합시다. 뉴욕의 거대한 산맥에서 자유가 울려 퍼지게 합시다. 자유가 펜실베이니아의 높다란 앨러게니 산맥에서 울려 퍼지게 합시다. 콜로라도의 눈 덮인 로키 산맥에서 자유가 울려 퍼지게 합시다. 캘리포니아의 굽이진 산봉우리에서도 자유가 울려 퍼지게 합시다! 하지만, 거기서 멈추지 맙시다.

조지아의 스톤 마운틴에서도 자유가 울려 퍼지게 합시다. 테네시의 룩아웃 마운틴에서도 자유가 울려 퍼지게 합시다. 미시시피의 모든 언덕에서도 자유가 울려 퍼지게 합시다. 모든 산허리로부터 자유가 울려 퍼지게 합시다! 자유가 울려 퍼지게 한다면, 모든 마을과 부락, 모든 주와 도시에서 자유가 울려 퍼지게 한다면, 우리는 하나님의 모든 자손, 흑인과 백인, 유태인과 이교도, 개신교 신자와 가톨릭 신자가 서로 손잡고 옛 흑인 영가를 함께 부르는 그 날을 훨씬 더 앞당길 수 있을 것입니다.

"마침내 자유를! 마침내 자유를! 전지전능하신 하나님이시여, 마침내 우리가 자유를 얻었습니다!"

_ 마틴 루터 킹 목사 이야기

01 누군가 '네 꿈이 뭐니?' 하고 물어보면 어떻게 대답했었나요? 그 이유도 적어보세요.

02 지금 현재 꿈을 이루고 잘 사는 사람이라 여겨지는 사람을 적어보세요.

_____

_____

_____

_____

03 '이 사람처럼 살고 싶어' 하는 사람이 있다면 누구입니까?

_____

_____

_____

04 현재 학생으로서 내가 세워야 할 목표는 어떤 것이 있을까요?

05 현재 나에게 떠오르는 단어 또는 문장을 아래 칸에 모두 적어 보세요.

06 지금 배우고 있는 공부, 참여하고 있는 활동 중 자신이 가장 좋아하는 것은 무엇인가요? 그 과목이나 활동을 재미있게 또는 열심히 했던 최근의 일을 적어보세요.

07 여러분 주변이나 나라에서 벌어지고 있는 일 중에서 가장 안타깝게 느껴지는 것은 무엇이라 생각하나요? 그것은 왜 그렇게 되었다고 생각하나요?

내 모든 것이 꿈과 생쥐 한 마리로
시작했다는 것을 늘 기억하라.
-월트 디즈니

꿈을 단단히 붙들어라.
꿈을 놓치면 인생은
날개가 부러져 날지 못하는 새와 같다.
-랭스턴 휴즈

PART
1

DREAM
WHY

02

행복해지기 위해
꿈을 갖는다

우리는
왜 꿈을 가져야 하는가?
이유는 간단하다.
하나뿐이 없는
나의 소중한 삶을
행복하게 살기 위해서이다.

행복이란
What is a happiness?

모든 사람들은 행복한 삶을 살기를 원합니다. 꿈을 갖는다는 것도 여러분의 삶이 행복해지기 위해서입니다.

그러면 도대체 행복이란 무엇일까요? 행복은 생활에서 충분한 만족과 기쁨을 느끼어 흐뭇한 상태를 말합니다. 행복과 가장 비슷한 상태가 기쁨인데, 이 모두가 욕구가 충족된 상태라는 공통점이 있습니다.

그러면 어떤 욕구가 충족되었을 때 가장 큰 기쁨을 얻게 되고, 오래 지속되는 기쁨을 얻게 될까요?

여러분은 대부분이 학생입니다. 지금 어떤 욕구가 있을까요? 지금은 지식과 정보에 대한 욕구를 충족하고 있는 중이라고 할 수 있을 것입니다. 여러분이 지금 가지고 있는 욕구는 어느 수준의 욕구가 가장 많은가요? 그 중에서 어떤 욕구가 제일 강한지도 한번 솔직하게 생각해 보세요.

 사람의 행복은 얼마나 많은 소유물을 가지고 있느냐에 달려 있는 것이 아니라, 그것을 어떻게 잘 즐기느냐에 달려 있다. ㅡ 찰스 H. 스파즌

매슬로우의 욕구 5단계
Maslow's Hierarchy of Needs

욕구5단계 이론

1 자아실현의 욕구
2 존경의 욕구
3 사회적 욕구
4 안전의 욕구
5 생리적 욕구

사람들이 갖는 욕구를 연구한 미국의 심리학자 매슬로우는 욕구를 단계별로 정리하였습니다. 높낮음이 있긴 하지만 기본 5단계부터 욕구가 잘 충족되어 최고 1단계의 욕구인 자아실현의 욕구를 충족하는 사람이 진정 행복한 삶을 사는 사람이라고 하였습니다. 위대한 성취를 이루기 위한 목표가 있다고 하더라도 기본적 삶에 필요한 욕구가 충족되지 않으면 그 목표를 실천할 수 없게 됩니다.

매슬로의 욕구 단계를 통해 알 수 있는 것은 상위 욕구일수록 그 욕구가 충족되기 위한 시간이나 노력이 필요하지만 그것이 충족되면 오랫 동안 행복한 삶으로 이어지게 됩니다. 내가 하고 싶은 것을 마음대로 하는 것이 자유고, 행복이라는 생각에서 벗어나야 합니다. 진정으로 행복한 삶을 살기 위해서는 나의 욕구를 잘 이해하고 관리해야 합니다.

 인간은 단지 행복하기를 원하는 게 아니라, 남들보다 더 행복하기를 원한다. 그런데 무조건 남들이 더 행복하다고 생각하기 때문에 행복해지기 어려운 것이다. - 세네카

행복한 삶

How do I lead a life of happiness?

꿈을 욕구와 행복이라는 말로 다시 정리해 본다면 어떻게 표현할 수 있을까요? 꿈을 갖는다는 것은 행복해지기 위한 것이고, 행복이란 욕구가 충족된 상태라고 할 수 있습니다.

나의 욕구가 감각적이고 생리적인 수준에 머문다면 일시적인 즐거움이나 쾌락을 줄 수는 있지만 행복을 주지는 못할 것입니다. '꿈을 갖는다'는 것은 자아실현의 욕구를 품고 이를 충족하기 위해 다른 욕구를 자제해 가는 과정을 말합니다. 자아실현은 우리가 일상적으로 사용하는 말은 아닙니다. 어려운 말이긴 하지만 '꼭 되어져야 할 나'라고 할 수 있습니다.

내가 태어난 이유는 나에게 주어진 그 일과 사명을 감당하는 것이고, 그것이 바로 꿈을 이루는 것입니다. 그래서 이전의 세상보다 더 행복한 세상이 되고, 더 행복한 삶을 살게 되는 것입니다.

 근본적으로 행복과 불행은 그 크기가 정해져 있는 것은 아니다. 다만 그것을 받아들이는 사람의 마음에 따라 작은 것도 커지고 큰 것도 작아질 수 있다. - 라 로슈프코

한 흑인 소녀의 꿈

상처와 불행으로 점철되었던 유년시절의 한 소녀가 있다. 그녀는 사생아로 태어나 어린 시절 어머니와 아버지의 집을 오가면서 불안정한 삶을 살았다. 게다가 사촌오빠와 그의 친구들에게 몇 년 동안 끊임없는 성폭행을 당하기도 했다. 영리함 덕분에 정부의 지원을 받아 니콜렛 고등학교에 입학했지만, 그 곳에서 만난 수많은 백인 상류층 친구들의 삶에 비해 한없이 초라하고 가난한 자신의 현실에 낙담해 열등감과 자괴감을 느끼기도 했다. 그녀의 어머니는 자식을 어떻게 대해야 하는지도 몰랐고 별로 관심도 없었다. 딸에게 사랑을 표현하는 방식은 그저 옷을 사주거나 음식을 만들어 식탁에 차려주는 것이 전부였다.

그녀는 자신에게 주어진 이러한 모든 현실이 참기 힘들 정도로 고통스러웠다. 하지만 자신의 비참한 심정을 솔직하게 털어놓을 사람이 없었다. 외로운 그녀는 점점 집 밖으로 나돌며 삐뚤어지기 시작했다. 그녀의 어머니는 너무나도 무지하고 무심한 사람이었다. 결국 어머니는 그녀를 아버지에게로 다시 보냈다. 아버지와 새어머니 젤마는 그녀의 흐트러졌던 생활과 나쁜 습관을 적절한 규칙으로 조절해주고 안정적인 생활환경을 마련해주었다. 덕분에 그녀는 예전의 영리하고 자신감 넘치는 자신의 모습을 되찾게 되었다. 그녀가 바로 오프라 윈프리이다.

그녀는 내슈빌 고등학교에서 연극반이나 토론 클럽 같은 활동에 적극적으로 참여했다. 그후 실력을 인정받아 WVOL 라디오 방송국의 라디오 뉴스 진행을 담당하기도 하고, WLAC 텔레비전 방송국의 앵커로 채용되기도 하였다. 그리고 미국의 10대 방송에 드는 WJZ 텔레비전의 앵커로 진출했다. 하지만 그녀는 뉴스 앵커로서의 자질이 부족하다는 비판을 받게 되었다. 뉴스 앵커는 냉정하고 객관적 태도를 유지해야 하지만 그녀는 방송 도중 상황에 따라 자신의 감정을 있는 그대로 드러냈기 때문이다. 그녀는 소통과 공감을 중시했기 때문에 자신이 뉴스 보도를 진행하는 앵커라는 사실을 자주 망각했던 것이다.

하지만 방송국 간부들이 그런 마음을 이해해줄 수는 없었다. 방송국과 오프라는 2년 동안 근무하기로 계약했기 때문에 방송국은 그녀를 함부로 해고할 수 없었다. 결국 울며 겨자먹기 식으로 그녀에게 아침 토크쇼의 진행자 자리를 맡겼다. 그리고 이 일은 인생의 전환점이 되었다. 공감력이 뛰어난 오프라는 토크쇼 진행자로서 승승장구하게 된 것이다. 토크쇼를 시작으로, 그녀는 영화배우로서 영화에 출연하기도 하고, 하포 프로덕션을 설립해 다양한 사회적 메시지를 담은 영화와 드라마를 제작하기도 했다. 또한 자신의 이름을 내건 잡지를 출판하기도 하고, 방송활동에 있어서도 끊임없는 변화와 혁신을 이루어냈다.

이렇게 활동 반경을 넓혀가는 동안 오프라는 자선사업을 병행했다. 재산이 점점 늘어날수록, 자선활동에 할애하는 시간과 자금도 점점 늘어났다. 오프라 윈프리 재단을 설립하고, 세상을 변화시키는 열쇠는 교육이라는 신념 하에 전국의 다양한 교육기관에 장학기금을 설립했다. 또한 '더 나은 삶을 위한 가정'이라는 자선 단체를 설립하여, 빈곤지역에 사는 가정이 일자리를 얻기 위한 상담을 하거나 아이들이 폭력적인 환경에서 벗어나 안전한 지역에서 살 수 있도록 새 집을 지원해주는 일을 도왔다. 이 외에도 오프라 윈프리 리더십 아카데미와 세븐파운틴 초등학교를 설립하기도 했다.

상처와 불행으로 점철되었던 유년시절, 그 시절이 있었기 때문에 오프라는 더욱 더 큰 꿈을 꾸고, 성공을 갈망하며 노력할 수 있었다. 그리고 그 시절의 상처와 아픔이 있었기에, 자신의 사회적인 성공과 부를 사회에 아름답게 나눌 수 있었다.

그녀는 상처가 많은 사람이다. 하지만 자신의 지난 상처를 상처로써 가만히 품고만 있는 것이 아니라, 같은 상처를 가진 다른 사람을 도움으로써 아름답게 승화시켰다.

_오프라 윈프리 이야기

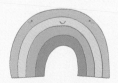

01 현재 내가 가장 하고 싶은 일, 다섯 가지를 떠오르는 대로 적어보세요.

1._____

2._____

3._____

4._____

5._____

02 위의 나의 욕구가 매슬로우 욕구 5단계 중 어디에 해당하는지 다시 정리해 보세요.

1. 생리적이고 기본적인 욕구

_____

2. 위험이나 불안으로부터 벗어나고 싶은 욕구

_____

3. 인정받고 사회에 소속되고 싶은 욕구

_____

4. 다른 사람에게 인정받고 싶은 욕구

_____

5. 존경받을 수 있는 인격과 직위에 오르는 것

_____

03 자신이 꼭 하고 싶었지만 참아야만 했던 일은 어떤 것이 있을까요?

04 학교에서 금하는 사항 중 완화되었으면 하는 것은 무엇인가요? 이유는요?

05 문득 자신이 행복하다고 느꼈을 때는 언제, 무엇 때문인가요? 구체적인 사례를
적어보세요.

그 마음이 욕심은 아닐까? 궁금하세요?

나에게나 남에게나 해를 끼치는 것…그것은 욕심입니다.
궁극적 가치인 眞·善·美·聖의 가치가 없는 것…그것은 욕심입니다.
나의 노력 없이 바로 이루어지지 않는 것…그것은 욕심입니다.

꿈과 욕심의 차이는,
꿈을 이루기 위해
자신의 능력을 개선하기 위해 노력하면 꿈이고,
어떤 노력이나 개선에는 관심 없이
오로지 이루기만을 원한다면
그것은 욕심입니다.

PART
1

DREAM
WHY

03

나를 먼저
알아야한다

나는 누구인가? 스스로에게 물으라.
자신의 속 얼굴이 드러나 보일 때까지
묻고 묻고 물어야 한다.
건성으로 묻지 말고 목소리 속의 목소리로
귀 속의 귀에 대고 간절히 물어야 한다.
해답은 그 물음 속에 있다.

_ 법정 스님

나는 누구인가
Who am I?

우리는 성장해가는 과정에서 자신을 표현하고, 드러내야만 할 필요성을 느낄 때가 많이 있습니다. 선발과정이 있는 고등학교와 대학교로의 진학 과정에서, 그리고 직업을 갖기 위한 취업의 과정에서 '자기소개서(자소서)'라는 양식을 통해 자신을 표현할 것을 요구합니다. 늘 자신을 표현하고 알리는 절차가 필요하게 됩니다.

그런데 정작 나를 표현하기 위해 나에 대해 생각해 보면 아는 것이 별로 없다고 느끼게 됩니다. 이제부터라도 찬찬히 나를 알아가려는 관심을 갖고 노력해야 합니다. 단점이 많이 있다 하여도 나 자신은 이 세상 무엇과도 바꿀 수 없는 소중한 존재입니다.

나를 아끼고 사랑하는 마음으로 나를 찾아가는 여행을 시작하고, 장단점 모두를 인정하고 받아들이는 것부터 시작해봅니다.

 나와 나 사이에는 나와 타인과의 사이에서 볼 수 있는 것만큼 큰 차이점이 있다.
– 몽테뉴

나를 알아보는 법
How do I know who I am?

나를 판단하는 중요 요소인 나의 말, 행동, 태도, 생각들은 나 스스로 알아보기가 어렵습니다. 그래서 '나'를 알고자 한다면 의식적으로 노력해야만 가까스로 조금씩 알 수가 있습니다. 나를 아는 것은 자연스럽게 저절로 알아지지 않는 특성이 있다는 것입니다.

그래서 우리는 나를 알기 위해 다른 사람이 나를 어떻게 생각하는지 물어보기도 하고, 심리검사를 통해 나의 지능이나 성격, 흥미 등을 알아보게 됩니다. 그것이 어떤 형태이든 나의 아름다운 '꿈'을 위해서는 반드시 '나 자신'을 먼저 아는 것이 중요합니다.

지금 여러분의 모습은 갑자기 형성된 것이 아니라 과거와 다 연결되어 있습니다. 학교생활을 어떻게 해왔는지를 차분하게 돌아보는 것은 자신을 이해하는데 가장 많은 정보를 줄 것입니다.

 나는 존재한다. 그러나 나는 그 존재 이유를 발견하고 싶다. 왜 내가 살고 있는지를 알고 싶은 것이다. – 앙드레 지드

학생부에 내가 있다
Reading my official school records

       여러분은 학생이고 학교에서 가장 많은 시간을 보냅니다. 학교에서의 나를 확인하는 것이 필요합니다. 학교에서는 성적을 포함하여 여러분의 다양한 면을 보고 그 모습을 기록으로 남기게 됩니다. 학과공부뿐만 아니라 학생의 전체적인 모습이 그려질 수 있도록 작성하는 것이 '학교생활기록부'입니다.

    '학생부'는 주로 상급학교 진학 자료로만 쓰는 것 같지만 자신을 알 수 있는 다양한 정보가 가득합니다. 여러분의 모든 것이 이 안에 다 있는 셈입니다. 학교생활이 어떠했는지 상급학교에서 여러분을 평가하는 중요한 자료로 활용하며, 가끔 기업에서도 중고등학교 때의 학생부를 요청하기도 합니다. 학생부를 초등학교 1학년부터 발급받아 보세요. 숫자로 된 자신의 모습이나, 담임 선생님의 판단에 의한 기록도 있습니다. 잘하는 점, 조금은 부족해 보이는 것도 있겠지만 그것이 당시 여러분의 모습이기도 합니다.

 눈을 감아라. 그럼 너는 너 자신을 볼 수 있으리라.
    – 사무엘 버틀러

너자신을 알라

'너 자신을 알라'라는 말은 철학자인 소크라테스가 한 말로 알려져 있지만, 실제는 소크라테스가 살았던 아테네의 델포이 신전 입구에 쓰여 있었다. 이 의미를 소크라테스가 제일 먼저 깨닫고 제자들에게 가르쳤기 때문에 소크라테스가 한 말이라고 알려지게 된 것이다. 소크라테스는 이 말의 의미를 '너의 무지無知를 알라'는 말로 해석했다. 알아야 할 객관적이고 절대적인 진리에 대해서 얼마나 모르고 있는지를 알아야 한다는 것이다.

소크라테스의 '너 자신을 알라'는 쉽게 말해 네 주제를 파악하라, 즉 '네가 너 자신을 얼마나 알고, 얼마나 모르고 있는지를 알아라'는 말이다. 너의 무지無知를 알고, 무지의 지知에 이르라고 하는 것이다. 그래야만 진정한 인식을 얻을 수 있다는 결론이다. 혹자는 소크라테스적 농담으로 국어를 배웠으면 '주제' 파악을, 수학을 풀어 봤으면 '분수'를 알아야 하고, 철학을 접하면 '너 자신을 알라'는 말을 던진다. 우스개 소리 같지만 소크라테스를 대변하는 명언이다. 이는 지혜에 대해 모르면서 아는 척하지 말라는 말이다. 지혜를 모르면서 아는 척하는 자는 무지를 인정하는 자보다 더 무식하고 건방지다. 내가 아는 것은 여기까지고, 그 다음은 나도 모르겠다고 고백하는 자야말로 지혜Sophia를 사랑하는Philo 학문인 철학Philosophia을 할 자격이 생긴다.
우리는 인간의 능력으로 알 수 없는 미지의 세계를 알려고 하거나 안다고 할 때 흔히 형이상학적 오류에 빠지기 쉽다. 사춘기를 겪으면서 빠져들기 쉬운 철학적 고민은 대개가 형이상학적 문제들이다. '나는 어디서 와서 어디로 갈까', '신은 살아 있을까', '사후 세계는 어떨까', '이 세상은 끝이 있을까 없을까' 등 끝이 없다.   _이어령 교수의 강의 중에서

학생생활기록부의 구성

인적사항 : 학생의 성명, 성별, 주민등록번호, 주소를 입력. 가족상황란에는 부모의 성명
         과 생년월일만 기록, 직업 등은 기재하지 않음.

학적사항 : 중고등학교의 경우 입학 전 학교명과 전·편입시 전 학교명 기재.

출결상황 : 결석일수, 지각, 조퇴, 결과 기록. 출결의 원인이나 이유 등 기재.

수상경력 : 교내에서 받은 상만 기재. 외부 수상은 절대 기재하지 못함.

자격증·인증 : 재학 중 취득 자격증 및 인증 기록. 어학 관련 인증서는 안됨.

진로 희망사항 : 학생의 특기 또는 흥미, 진로희망, 학부모의 진로희망 기재. 여기에 무엇
            을 쓰느냐부터 자신의 꿈에 대한 생각이 반영.

창의적 체험활동 : 자율활동, 동아리활동, 봉사활동, 진로활동의 네 영역. 어떤 활동을 몇
              시간 했는지 기록. 진로 관련 활동을 기록.

교과학습 발달상황 : 초등학생은 성취기준에 따른 성취 정도 기재, 중학교는 성취도와
                받은 점수 기재, 고등학교는 원점수, 성취도, 과목별 석차등급을 기
                재. 지도 선생님은 학생의 수업참여 태도 변화 등 과목별 세부 특기
                사항을 기재. 2016년도부터 중학교는 자유학기제 학생이 활동한
                내용 기재.

독서활동 상황 : 담임선생님과 주로 교과 담당 선생님이 기재.

행동특성 및 종합의견 : 담임이 학생을 관찰, 행동특성을 바탕으로 학생을 이해할 수 있
                  는 종합 의견을 문장으로 기록.

※학교생활기록부의 교과학습 발달상황은 10개 항목 중 하나다. 성적만 보려하지 말고
다른 요소를 잘 살펴보면 자신을 이해하는 많은 정보를 얻을 수 있다.

01 초등학교 1학년부터 지금까지의 학교생활기록부를 자세히 읽어보고, 자신이 그동안 어떠한 학생이었는지 자신에 대하여 3줄 이상 표현해 보세요.

_____

_____

_____

_____

_____

02 그동안 알지 못한 자신에 대해 알게 된 것이 있다면 무엇인가요?

03 나에게 별명이 있다면 무엇이고, 그 이유는 무엇인가요?

별명이 없다면 어떤 별명을 갖고 싶은가요. 이유도 써 보세요.

04 나의 핸드폰에서 가장 많이 사용하는 앱을 순서대로 적어 보세요.

05 만약 일 주일 동안의 휴식이 주어진다면 공부를 제외한 어떤 일을 가장 하고 싶은가

요? 그리고 그 이유를 써보세요.

06 지금 자신이 가장 소중하게 생각하는 물건이 무엇인지 랭킹 순으로 적어보세요. 간

단한 이유도 적어 보세요.

1._____

2._____

3._____

4._____

5._____

6._____

7._____

이 세상에서 가장 친절한 선생은 자기 자신이다.
가장 진실한 책도 자기 자신이다.
또한 가장 훌륭한 교육도 자기 자신이다.
-**법구** 비유경

다른 사람들의 떠들석한 소리에
자신 내면의 소리가 묻혀서는 안 된다.
가장 중요한 것은 자신의 마음과 직관을 따르는
용기를 내는 것이다.
-**스티브 잡스**

PART
1

DREAM
WHY

04

주위의 도움을
받아라

자녀를 키울 때 가장 힘든 일은
자녀에 대한 두려움보다
희망을 앞세우는 것이다.

_ 엘런 굿맨

나의 첫 번째 선생님
My parents are my first teachers.

어렸을 때 자신의 모습을 알아보는 것은 자신을 이해하고, 되고자 하는 자신의 모습, 즉 꿈을 갖는데 많은 도움이 됩니다. 여러분 스스로가 어렸을 때의 일을 모두 기억해 내기는 어려울 것입니다. 사진을 통해 어렴풋이 기억이 나는 것도 있겠지만 부모님이 더 잘 알고 있을 것입니다. 왜냐하면 부모님은 여러분이 처음 말을 하게 되는 순간, 처음 일어나서 걷게 되는 순간 등 매 순간을 온갖 정성으로 보살펴 왔기 때문입니다.

우선 태어나면서부터 기억하지 못하는 아주 어렸을 때까지의 자신에 대해 부모님이 간직하고 있는 여러분의 스토리를 들어보세요. 내가 모르는 나에 대해 자세히 알 수 있는 시간을 가져보는 겁니다. 가능하다면 부모님께 써 달라고 부탁해 보세요. 직접 쓰기가 어려우면 인터뷰 형식으로 직접 빈칸을 채워 보세요. 내용이 많다면 별지 첨부를 하면 더 좋습니다.

 자식 키우기란 자녀에게 삶의 기술을 가르치는 것이다.
– 일레인 헤프너

부모의 교육방식

The lessons my parents have taught me

　　　　　　　　　　　자녀에 대한 부모의 관심과 양육 방식은 우리가 성장하는데 많은 영향을 미치게 됩니다. 그러므로 부모님의 교육 방식에 대해 알아보는 것도 중요합니다. 위대한 인물의 전기를 읽어 보면 대부분 그를 키운 부모님이 어떤 분인지, 어떤 일을 하신 분인지, 태어난 시기의 가정 상황이나 주변에 있었던 일들이 소개됩니다.

　여러분도 자신의 꿈을 실현하여 위대한 인물이 될 수도 있습니다. 그때 많은 사람들은 여러분의 부모님이 어떻게 교육하였는지에 대해 알고 싶어할 것입니다. 위대한 사람이 되었을 때를 가정하고, 부모님의 자녀 교육 방식과 특징에 대해 자세히 들어 보세요.

　여러분의 부모님은 역할을 나누어 교육했을 가능성이 많습니다. 가능하면 어머니, 아버지와 따로 시간을 가지고 말씀을 들어보는 것도 좋을 것입니다. 어떤 기대를 가졌고, 무엇을 강조해 키우려 했는지 듣다보면 자신을 이해하는 의미 있는 실마리를 발견할 수 있을 것입니다.

 교육은 어머니의 무릎에서 시작되고, 유년기에 들은 모든 언어가 아이의 성격을 형성한다. - 호세아 빌로우

자녀교육의 핵심은
지식을 넓히는 것이 아니라
자존감을 높이는데 있다.
-레오 톨스토이

인생은 목표를 이루는 과정이 아니라
그 자체가 소중한 여행일지니.
서투른 자녀교육보다
과정 자체를 소중하게 생각할 수 있는
훈육을 시키는 것이 더욱 중요하다.
-키에르케고르

나를 잘 알고 있는 부모님과 대화해봅니다. 이런 질문을 해보세요.

01 저를 기르고 가르칠 때 가장 중요시했던 것은 무엇인가요?

_____

_____

_____

02 내가 애기였을 때 무엇이 되기를, 어떻게 살기를 바라셨나요?

_____

_____

_____

03 어떤 것을 가르칠 때 저의 반응은 어떠했나요?

_____

_____

_____

04 내가 어렸을 때의 특징을 말씀해 주세요.

_____

_____

나를 잘 아는 선생님과 대화해봅니다.

01 나를 처음 본 순간의 느낌은 어떠했나요?

_____

_____

_____

_____

02 내 성격의 특징은 무엇인가요?

_____

_____

_____

_____

_____

03 나의 장점은 무엇인지요?

_____

_____

_____

_____

_____

04 나의 나쁜 점은 무엇인지요?

_____

_____

_____

_____

PART
1

DREAM
WHY

05

꿈을 갖는다
그러므로 존재한다

꿈! 그것은 가지는 자만이 누릴 수 있는 특권이다.
꿈은 결코 어려운 역경 속에서만 찾을 수 있는 것은
아니다. 꿈은 항상 네 곁에 있으며 네가 얼마나
노력하느냐에 따라 그 가치가 달라진다.
그러므로 이제 너는 너만의 꿈을 가져야만 한다.

나는 생각한다, 고로 존재한다
I think, therefore I am.

데카르트는 근대 철학의 아버지라 하여 철학자로 널리 알려져 있지만, 수학이나 과학 등 다른 학문도 공부를 많이 하였습니다. 그는 당시의 사람들이 깊이 생각해 보지도 않고 너무나 쉽게 지식과 진리를 받아들이는 것이 못마땅했습니다. 검증되지 않은 지식을 무비판적으로 받아들이고, 실제 존재하지 않는 것들을 마치 있는 것처럼 그럴듯하게 얘기하는 사람들이 너무 많다는 것을 알게 되었습니다.

그는 확실한 지식에 도달하기 위해서는 일단 의심을 해봐야 한다고 생각했는데, 그 결과 당시 학자들이 진리라고 말하는 것들 중 확실한 지식이 몇 안 된다는 사실을 알게 되었습니다. 그 중에서 의심할 수 없는 분명한 사실 하나는 의심하고 있는 '나'의 존재만큼은 부인할 수 없다는 결론에 도달하게 되었습니다. 그래서 데카르트는 '나는 생각한다, 고로 존재한다'는 한 마디로 이 모든 사실을 규정지었고, 이는 모든 인간에 해당하는 진리이며 '생각하는 것'의 중요성을 강조하였습니다.

 사색을 포기하는 것은 정신적 파산 선고와 같은 것이다.
－알베르트 슈바이처

나는 꿈이 있다, 고로 존재한다
I dream, therefore I am.

데카르트의 명언을 빌어 청소년에게 해당되는 명제는 '나는 꿈이 있다, 고로 존재한다'라고 말하고 싶습니다. '청소년답다'라는 것은 자신이 현재 갖고 있는 능력과 소유물 때문이 아니라 무엇이 되고 싶은가, 어떤 세상을 만들고 싶은가에 대한 꿈을 갖고 있느냐에 달려있습니다. 가장 사람답다는 것이 '생각하는 것'에 있다면, 청소년답다는 것은 '꿈을 갖는 것'이랍니다.

청소년의 존재이유는 꿈에 있다고 할 수 있습니다. 무엇이든 할 수 있고, 무엇이든 될 수 있는, 무한한 가능성을 지닌 존재라는 것입니다. 청소년은 꿈이 있을 때 멋있고 아름다우며 그 사회에 희망을 주게 됩니다.

그 나라의 청소년들이 꿈을 갖고 있지 않다면 그 나라의 미래는 어두울 수 밖에 없습니다. 청소년들이 꿈 꿀 수 있도록 해주는 사회가 되어야 하고, 새로운 자신, 새로운 세상을 만들어가는 꿈을 가질 수 있도록 도와야 합니다.

 세상에서 가장 불쌍한 사람은 돈이 한 푼도 없는 사람이 아니라 꿈이 없는 사람이다.
– 윌리엄 A. 워드

내가 꿈이 없으면
What if I don't have dreams?

우리는 꿈을 갖지 않아도 그날 그날 살아갈 수 있습니다. 그렇지만 꿈을 갖지 않으면 안 되는 것은 내가 꿈을 갖지 않으면 나는 '꿈'이 크고 분명한 다른 사람의 꿈을 이루어주는 수단이 되는 것입니다.

또 청소년으로서 꿈을 가져야 하는 것을 알지만 꿈을 가지려하지 않는 10대도 있습니다. 꿈을 가지려하지 않는 청소년은 꿈을 갖게 되면 그 꿈이 지금의 나를 구속할 것이라고 생각하기 때문일지도 모릅니다. 놀고 싶고 마음 대로 하고 싶은 것을 하지 못하게 되는 것을 걱정하기 때문일 수 있습니다.

힘들고 어려운 일이 닥치더라도 내가 이루어야 할 꿈이 있는 사람은 놀고 싶고, 하고 싶은대로 하지 않을 수 있습니다. 꿈을 이루어가는 작은 성취들이 게임하면서 노는 것보다 훨씬 즐거움을 준다는 경험을 하게 되기 때문입니다. 여러분은 꿈이 있기에 존재한다는 것을 꼭 기억하세요.

 생각하는 것이 인생의 소금이라면 꿈은 인생의 사탕이다. 꿈이 없다면 인생은 쓰다.
– 바론 리튼

세계 최고의 나눔 실천가

컴퓨터를 켜면 대부분 윈도우가 열리면서 사용하게 됩니다. 미국의 마이크로소프트 회사가 이 윈도우를 제작 제공하고 있는데 창업자가 바로 빌 게이츠입니다. 그는 1955년 시애틀 지역의 손꼽히는 명문가 집안에서 태어났습니다. 아버지는 유명 변호사였고 어머니는 교사로 사회생활을 시작한 후 나중에는 봉사활동에 전념하게 됩니다. 빌 게이츠는 부모가 솔선수범하는 교육과 관심으로 잘 자라고 성공한 사람이라고 할 수 있습니다.

빌 게이츠의 아버지는 어린 아들에게 몇 가지 좋은 습관을 길러주고자 하였습니다. 그 중 하나가 바로 독서하는 습관입니다. 가족끼리 모여 큰 소리로 책을 읽기도 했고, 모르는 단어가 있으면 바로 서재로 데려가 사전을 찾아 알려주었습니다. 자주 도서관에 데리고 가 독서토론을 하며 자연스럽게 사고력과 논리력을 키워 주었습니다. 그래서 지금도 그는 평일에 한 시간, 주말에는 세 시간을 책 읽는 데 보낸다고 합니다.

또 그의 부모님은 스포츠를 통해 경쟁심과 승부욕을 길러주기도 했습니다. 그는 매해 여름이 되면 다른 여러 가족들과 함께 치리오 올림픽이라고 이름 붙여진 가족대항전을 치렀습니다. 이를 통해 경쟁에서 이길 수 있다는 자신감을 길렀고, 카드게임을 통해 승부에 대한 집착과 승리를 위해서 사고하는 방식을 배웠습니다.

무엇보다 그의 부모님이 물려준 가장 소중한 가르침은 나눔의 정신이라 할 수 있습니

다. 아버지는 공립학교의 예산 확충 캠페인을 주도하였고 어머니는 모금 단체인 유나이티
드웨이 자원봉사자로 활동하면서 나눔을 직접 실천으로 보여주었습니다. 이런 부모님의
영향을 받아 그는 어린 시절부터 어린이 병원설립 모금활동에 참여했습니다.

이렇게 성장한 그는 스스로 자신의 꿈을 꾸기 시작합니다. 하버드 대학에 입학했지만
그의 꿈은 모든 사람의 책상에 퍼스널 컴퓨터를 놓는 것이었습니다. 이 꿈을 이루기 위해
그는 선배 폴 앨런과 함께 회사를 차리고 MS라 정하였습니다. 70년대만 하더라도 큰 회사
에만 컴퓨터가 있었고 전문가들만이 조정하고 다루던 시기였습니다. 그러나 그는 컴퓨터
의 운영 체계를 전 세계에 제공하면서 그가 꿈꾸었던 세상도 열었고, 엄청난 돈도 벌어 세
계 최고의 갑부가 되었습니다.

그런 그는 지금은 어떤 일을 하고 있을까요? 그는 회사 경영에서 은퇴하고 2선으로
물러나 '빌&멀린다 게이츠 재단'을 만들어 전 세계 어린이와 학생들을 위한 교육과 복지 개
선을 위한 활동을 전개하고 있습니다. 그는 세계에서 교육과 복지에 가장 많이 기부하는 사
업가로 변신하였습니다. 2016년 빌게이츠는 앞으로 5년동안 아프리카에 교육과 복지를
위해 50억 달러(5조6820억 원)을 투자하겠다고 발표했습니다. 그는 "아프리카 대륙은 인구
통계학적으로 가장 젊은 대륙이다. 오는 2050년 쯤에는 전 세계 아동의 40%가 아프리카
대륙에 살고 있을 것이기 때문에 이런 일을 하는 것은 필요한 일이고 당연히 해야할 일"이
라고 말했습니다. 꿈이 어떻게 진화하고 바뀌어가는지를 가장 잘 보여주는 사람이라고 생
각합니다.

그는 기업가로서 세계에서 가장 부자가 되었고, 세계 최고의 기부를 통해 더 평화롭
고 아름다운 세상을 만들어가고 있습니다.

_빌 게이츠 이야기

01 "나 OOO는 (　　　)한다. 그러므로 존재한다"는 문장을 세 개만 만들어 보세요.

1.
2.
3.

02 여러분이 꿈을 갖는데 장애가 되는 것은 무엇인가요? 그 이유도 함께 써 보세요.

03 꿈이 있다면 그 꿈을 이루기 위해 어떻게 노력하고 있나요?

04 부모님이 나에게 원하는 꿈이 있다면 무엇인가요?

부모님께 그 이유를 물어보고 적어보세요.

05 확실한 꿈을 갖고 있는 친구가 있다면, 그 친구의 특징을 적어보세요.

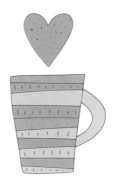

어떤 꿈을 가져야 할까?
지금 나에게 없는 것?
바라지만 보이지 않는 것?
이를 이루기 위한 과정은 쉽지 않지만
나에게도, 남에게도 가치가 있어야 한다.
가장 중요한 것은
내가 주인공이 되어 이야기를
만들 수 있는 것이라야 한다.

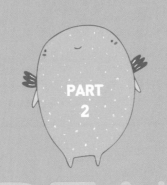

PART 2

DREAM HOW

01

어떻게 살 것인가가
우선이다

"나는 이곳에 누군가가 되고자 온 것이 아니라
무엇인가를 하러 온 것입니다. 그래서 나에게 성공이란
그 마음을 잃지 않는 것입니다. 그래서 내가 세상을
위해 일을 하기보다 나의 지위를 지키려고 노력할
때에는 반드시 스스로 이 일에서 물러날 것입니다."

_ 김용 세계은행 총재 인터뷰 중에서

어떤 삶을 살 것인가
What kind of life do you want to live?

김용 세계은행 총재처럼 높은 자리에서 훌륭한 일을 하고 계신 분 중에는 그 직업이나 위치를 꿈꿔보지 않았던 분들이 많습니다. 그렇다면 여러분은 원했던 것이 되지 않거나 원치 않았던 것이 이루어진다면 꿈이 뭐 필요있냐고 할지도 모르겠습니다.

꿈을 갖는다는 것, 꿈을 품는다는 것은 어떤 직업을 갖는 것, 어떤 위치에 오르는 것을 마음에 품는 것만이 아닙니다. 그런 꿈도 필요하지만 무엇이 되는 것보다 더 중요한 것이 있습니다. 그것이 바로 '나는 어떤 삶의 자세와 태도로 살 것인가, 어떤 세상이 되었으면 좋겠는가'를 마음에 품는 것입니다.

청소년에게 본이 될만한 일을 하고 계신 분은 대부분 '무엇이 되어야지'라는 꿈은 분명하게 갖지 않았다 하더라도 '나는 어떻게 살것인가, 지금보다 더 좋은 세상이 되려면 어떻게 해야하지?'에 대한 뚜렷한 생각을 품었던 분들이 많습니다.

 우리가 무슨 생각을 하느냐가 우리가 어떤 사람이 되는지를 결정한다.
– 오프라 윈프리

욕망을 잘 관리하라
I need to deal with my own desires.

청소년은 순수하고 아름다운 모습을 갖고 있지만 수많은 욕망이 시도 때도 없이 생기기도 하고, 나보다 나은 친구들에 대한 시기심, 느닷없이 누군가를 골탕 먹이고 싶은 이상한 생각이 들기도 합니다. 하지만 욕망과 욕구 중에는 충족해도 되는 것도 있지만 문제를 일으킬 수 있는 것도 많습니다. 욕망을 잘 관리하지 못해서 꿈을 이루는데 방해가 되지 않도록 해야 한다는 것입니다.

욕망을 잘 관리하려면 자신을 끊임없이 돌아보아야 합니다. 왜냐하면 우리 안에서부터 생기는 욕심도 있고, 외부로부터 유혹을 많이 받기도 하기 때문입니다. 욕망과 유혹을 이길 수 있는 자신만의 자기 관리 방법을 습득하여 바르게 사는 나의 삶의 방식을 정해야 합니다. 그리고 내가 살고 있는 세상을 잘 살펴보고 지금보다 더 나은 세상은 어떤 모습이어야 할지에 대한 생각을 끊임없이 정립해 나가야 합니다.

 어떤 말을 만 번 이상 되풀이하면 반드시 미래에 그 일이 이루어진다.
– 아메리카 인디언 금언

세상을 돌아보자
I need to take care of the world.

꿈이 무엇이 되고자 하는 것에 치우쳐 있으면 왠지 마음이 급할 수 있습니다. 빨리 되어야 하고, 경쟁에서 이겨야만 그 자리에 오를 수 있다는 등 마음의 여유가 없을 수도 있습니다.

하지만 여러분은 앞으로 100년 이상을 살 사람들이니 조급해 할 필요가 없습니다. 먼저 나의 인격적 목표를 세우고, 나를 보살피는 일부터 철저히 하며, 세상의 모든 일들을 찬찬히 살펴 보세요. 나를 살펴보면 분명 내가 지금 시급하게 바로잡아야 할 것이 보이게 되고, 세상 일들에 깊은 관심을 갖게 되면 불편하고, 억울하고, 힘들게 살아가는 이웃의 모습도 볼 수 있게 됩니다. 거기서 여러분의 꿈이 시작되는 것임을 기억하길 바랍니다.

 얼굴이 계속 햇빛을 향하도록 하라. 그러면 당신의 그림자를 볼 수 없다.
– 헬렌 켈러

"어떻게 그들을 도울 수 있을까요"

세계의 경제와 금융을 좌우하는 사람은 세계은행 총재입니다. 지금 현재 수장을 맡고 있는 분이 대한민국에서 태어난 김용 총재입니다. 김용 총재의 영문 이름은 Jim Yong Kim입니다. 그는 '세계은행' 하면 연상되는 경제와 관련된 일을 해본 적도, 꿈을 꿔 본 적도 없었습니다. 또한 경제학이나 경영학을 전공하여 외국계 은행이나 월가에서 경력을 쌓았을 것이라 생각되지만 그의 학력이나 경력면에서도 경제나 금융 관련 일은 찾아 보기가 어렵습니다.

그는 농구의 포인트가드, 미식축구의 쿼터백으로 운동도 하고, 공부도 열심히 해서 아이비리그 중 한 대학인 브라운 대학에 입학했습니다. 그후 하버드 대학 대학원에서 의학과 인류학 박사 학위를 취득하고는 주로 의료와 관련된 일을 해왔습니다.

그의 주된 관심사는 세계 곳곳의 열악한 환경에 처해 있는 사람들을 위한 의료지원이나 교육환경 개선 등 국제 의료 교육 구호 사업이었습니다. 돈을 버는 일보다는 어떻게 하면 돈을 마련하여 그런 곳에 쓸 것인가에 관심이 많았던 분입니다. 페루 미라의 가난하고 힘든 사람들과 최악의 지진 사태로 고통 받고 있던 아이티 사람들을 어떻게 도와 줄 수 있을까, 이들을 도울 돈을 어떻게 마련하나를 고민했던 인물이었습니다.

그리고 다트머스 대학의 총장으로서 교육의 리더 역할을 수행해왔던 분입니다.

경제나 금융 분야의 전문가가 아니었던 그가 어떻게 세계은행 총재로 추대가 되었을까요. 세계은행은 '세계 빈곤 척결 및 저개발국가 지원'을 위한 기구로 중저소득 개발도상국에 개발자금을 지원하는 국제개발협회이며 실제로 100개국 이상의 프로젝트를 담당하고 있는 국제기구입니다. 이러한 세계은행이 설립된 주된 목적과 김용 총재의 꿈이 일맥상통하여 그가 총재가 될 수 있었던 것입니다.

김용 총재의 오늘이 있기까지는 어머니의 교육철학이 밑거름이 되었다고 합니다. 그의 어머니는 자신의 자녀가 세계를 위해 봉사할 것을 기대했습니다. 그래서 김용의 학창시절 세계에서 일어나고 있는 일에 대해서 늘 함께 대화하고 관심을 갖도록 하였습니다.

미국의 비교적 좋은 환경에서 살았고, 명문대학을 졸업했지만 청년 김용의 마음은 항상 세계에서 의료혜택을 받지 못한 어려운 곳에 있었던 것입니다. 어떻게 하면 세상의 모든 사람들이 건강하게 살 수 있는 세상을 만들 수 있을까 하는 생각이 늘 마음 한가운데에 있었던 것입니다.

그는 이제 세계은행 총재가 되어서 이전보다는 더 효과적으로 세계 곳곳에 좋은 영향력을 미칠 수 있게 된 것입니다. 의료혜택이 열악한 국가에 대해서 무이자로 금융을 지원할 수 있는 위치에 오르게 되었으니 말입니다.

_ 김용 세계은행 총재 이야기

벤자민의 13가지 덕목

어떻게 살 것인가에 충실했던 벤자민 프랭클린은 미국을 건국하는 위대한 일들을 하여 미국 건국의 아버지로 불린다. 그는 매주 중점적으로 지켜야 할 것을 맨 위에 적어 놓았다.

1) 절제: 배부르도록 먹지 말라. 취하도록 마시지 말라.

2) 침묵: 자신이나 남에게 유익하지 않은 말은 하지 말라. 쓸데없는 말은 피하라.

3) 질서: 모든 물건을 제자리에 정돈하라. 모든 일은 시간을 정해 놓고 하라.

4) 결단: 해야 할 일은 하기로 결심하라. 결심한 것은 꼭 이행하라.

5) 절약: 자신과 다른 이들에게 유익한 일 외에는 돈을 쓰지 말라. 낭비하지 말라.

6) 근면: 시간을 허비하지 말라.

7) 진실: 남을 일부러 속이려 하지 말라. 말과 행동이 일치하게 하라.

8) 정의: 남에게 피해를 주거나 응당 돌아갈 이익을 주지 않거나 하지 말라.

9) 중용: 극단을 피하라. 상대방이 나쁘다고 상처주는 일을 삼가라.

10) 청결: 몸과 의복, 습관 상의 모든 것을 불결하게 하지 말라.

11) 평정: 사소한 일, 일상적인 일이나 불가피한 일에 흔들리지 말라.

12) 순결: 부도덕한 성 관계를 피하라. 사람 간 평화와 평판에 해가 되면 안 된다.

13) 겸손: 예수와 소크라테스를 본받으라.

01 벤자민 프랭클린의 13가지 덕목을 참고하여 내가 나를 점검해야 할 7가지 제목을 정하고 실천해야 할 것들을 구체적으로 적어 보세요.

1._____

2._____

3._____

4._____

5._____

6._____

7._____

02 자신이 존경하고 따르고 싶은 사람은 누구이며, 그 분이 갖고 있는 특징과 일화를 소개해 보세요.

03 여러분 주위에서 정말 억울하고 불편하게 살아가고 있는 사람들은 누구이며, 왜 그런 어려움을 겪게 되었는지 사연을 적어보세요.(사진 자료도 붙여 보세요)

04 어렵게 살아가고 있는 그 사람들을 위해 자신이 할 수 있는 것은 무엇이 있을까요? 지금 할 수 없다면 언제쯤 어떻게 돕고 싶습니까?

"유치원에서 고등학교까지 교사가 가르쳐야 할 것,
학생이 배워야 할 것은 과학이나 수학의
문제를 풀이하는 기술이 아닙니다.
정말 가르치고 배워야 할 것은 '마음의 습관'입니다.
물고기를 잡아줄 것이 아니라 그물질을 가르쳐야 합니다.
그물질에 해당하는 것이 마음의 습관이고 배움의 태도입니다.
배움의 태도가 제대로 몸에 밴 학생들이야말로
다트머스와 같은 명문대학의 일원이 될 수 있고,
명문의 교육과 훈육을 견딜 수 있습니다."

-김용 총재와의 인터뷰 <무엇이 되기 위해 살지 마라> 중에서

PART
2

DREAM
HOW

02

꿈을 이루려면
습관이 중요하다

누구나 결점이 그리 많지는 않다. 결점이 여러 가지인
것으로 보이지만 근원은 하나다.
한 가지 나쁜 버릇을 고치면 다른 버릇도 고쳐진다.
한 가지 나쁜 버릇은 열 가지 나쁜 버릇을
만들어낸다는 것을 잊지 말라.

_파스칼

좋은 습관을 가지다
I need to form good habits.

그것을 안 하면 무언가 불안하고 불편하고 어색한 것, 이것이 습관입니다. 습관이란 반자동적으로 나로 하여금 하게끔 하는 것으로서 나의 일부가 된 것을 말합니다.

청소년들이 존경하는 위대한 인물은 행동 하나하나를 항상 깊이 생각하고 가장 바람직한 행동을 선택하며 살아가는 사람들이 아니라 자신의 생활 중 많은 부분이 습관적으로 이루어지고 있답니다.

아침에 일어나는 시간과 자는 시간, 밥 먹는 방식 등 아주 기본적이고 일상적인 것에서부터 시작하여 인사하는 것, 다른 사람 앞에서 말하고 행동하는 것, 일하고 연구하는 방식이 반복적으로 비슷하게 하고 있다는 것을 어렵지 않게 발견할 수 있습니다. 없었던 좋은 습관을 새로 만드는 것은 쉽지 않습니다. 하지만 좋은 습관을 만들기 위한 시간과 노력은 가장 큰 이익을 남기는 투자랍니다.

 만일 의식적으로 좋은 습관을 형성하려고 노력하지 않으면 자신도 모르는 사이에 좋지 못한 습관을 지니게 된다. — 디오도어 루빈

버리고 비우라
The simpler, the better!

꿈과 오늘 하루의 삶은 매우 밀접
한 관계가 있습니다. 매일의 삶에 꿈이 묻어 있어야 합니다. 그러려면 불필요
하게 보내는 시간을 과감하게 정리하는 것이 필요합니다. 지금 여러분이 버
려야 할 것, 비워야 할 것이 무엇인지 과감하게 버리고 비우기 바랍니다. 그
래야만 여러분의 꿈을 위한 생산적이고 의미있는 일들이 자리할 수 있는 시
간과 공간이 마련됩니다.

내가 근무하고 있는 충남삼성고 학생들은 입학과 동시에 아예 스마트폰
과 인터넷을 사용하지 않습니다. 스마트폰 없이는, 인터넷 검색을 하루라도
안 하면 큰 일이 날 것 같지만 지금 3년째 별 무리없이 이런 환경에 잘 적응
하고 있으며 도서관을 활용하고 신문을 보는 학생들이 많아지고 있습니다.
이제 여러분도 너무나도 당연시 했던 무언가를 덜어낼 준비를 하세요. 꿈이
있는 사람은 주어진 시간을 낭비하지 않습니다.

 습관이란 인간으로 하여금 그 어떤 일도 할 수 있게 만들어준다.
– 도스토옙스키

아이비리그의 서류전형
Ivy League paper screening

민사고 시절, 미국의 아이비리그 대학을 방문하여 입학사정관들이 입학전형에서 무엇을 눈여겨보는지 알아보았습니다. 그들은 SAT 성적도 보고, 내신도 보고, 비교과도 보고, 수상실적도 다 보는데 무엇보다 '시간의 소비'를 의미하는 'Time Consuming'을 가장 중요하게 여긴다고 했습니다.

그들은 학생이 고등학교 3년을 어떻게 보냈는지를 가장 궁금해한다고 합니다. 그것은 학생의 일주일을 연상해 보는 것입니다. 평일 수업하고 자는 시간을 빼면 학생에게 주어지는 시간이 네다섯 시간, 그리고 주말에는 쉬는 시간을 가져야 하니 10시간 내외가 나름대로 활용할 수 있는 시간입니다. 학생이 성적만 좋고 봉사나 예술 체육 활동을 하지 않았다고 한다면 그 남는 시간에 무엇을 했을까 궁금해집니다. 그런데 운동이나 예술 활동을 한 학생은 의미있고 생산적인 일에 관심을 갖고 시간을 썼다는 것이니 이를 높이 평가한다는 것입니다. 그러므로 여러분은 학교생활에서 좋은 습관을 형성하여 의미있고 생산적인 일에 시간을 투자하길 바랍니다.

 사고가 바뀌면 행동이 바뀌고, 행동이 바뀌면 습관이 바뀌고, 습관이 바뀌면 인격이 바뀌고, 인격이 바뀌면 우리의 운명이 바뀐다. - 윌리엄 제임스

66일의 법칙

습관을 고치는 데는 평균적으로 66일이 걸린다. 유니버시티 칼리지 런던의 필리파 제인 랠리 교수는 습관 형성에 관한 실험을 했다. 참가자들은 몇 가지 행동을 반복하며 그것을 습관으로 만들었다. 정해진 행동을 하지 않을 때 불편함을 느낄 경우 습관이 형성된 것으로 판단했다. 실험 참가자들의 설문을 통해 완성된 결과에 따르면 습관을 바꾸는 데는 평균 66일이 걸렸다. 66일이라는 기간은 습관과 함께한 시간과 비교해보면 그리 길지 않은 시간이다.

습관을 고치는 방법은 무엇일까. 습관적인 행동은 특정 조건이 있어야 나타난다. 즉 행동을 발생시키는 상황이나 자극이 있어야 한다는 것이다. 따라서 그런 것을 피하면 습관을 버릴 수가 있다. 하지만 피할 수 없는 상황이 존재하기 때문에 이런 방법은 완전하지 못하다.

다음은 두 번째 단계인 행동을 바꾸는 것이다. 습관은 무의식적이라 행동을 바꾸기 위해선 주의를 기울여야 한다. 의식적으로 생각하고 행동해야 하기 때문에 귀찮은 마음도 들고 신경도 쓰인다.

이렇게 습관을 바꾸려 할 때 겪는 어려움을 줄이기 위해 세 번째 단계인 결과가 필요하다. 습관을 바꾸기 위해 한 행동의 결과로 발생하는 보상을 주는 것이다. 어린 아이가 착한 일을 하면 과자나 용돈을 주듯이, 습관을 바꾸기 위해 노력한 만큼 자신에게 보상을 해준다. 물론 세세하고 정확한 행동의 기준을 정하는 것이 필요하다. 자신이 노력한 정도를 쉽게 알아볼 수 있도록 해야 한다. 행동의 결과로 주어진 보상은 새로운 습관이 강화되는데 큰 힘이 된다. 물론 이 모든 일은 꾸준히 이뤄져야 한다.

기회의 신, 카이로스

이탈리아 토리노 박물관에는 《그리스 신화》에 나오는 기회의 신, 카이로스 석상이 있다. 이 신의 형상을 보면 앞머리만 있고 뒷머리는 대머리이다. 등과 발에는 날개가 달렸고, 양손은 저울을 들고 있다. 그리고 석상 아래에는 다음과 같은 글귀가 적혀 있다.

"앞머리가 무성한 이유는 사람들이 내가 누구인지 잘 알아보지 못하게 하기 위함이고,
발견했을 때는 쉽게 잡을 수 있게 하기 위함이다.
뒷머리가 대머리인 이유는 지나가고 나면 다시는 나를 붙잡지 못하게 하기 위함이고,
발에 날개가 달린 이유는 최대한 빨리 사라지기 위해서이다.
저울을 들고 있는 이유는 옳고 그름을 판단하여 빠르게 결단을 내리라는 뜻이다.
내 이름은 '기회'이다."

크로노스 & 카이로스의 시간

시간을 뜻하는 그리스 말은 두 가지가 있다. 하나는 크로노스Chronos의 시간이고, 또 하나는 카이로스Kairos의 시간이다. 크로노스는 누구에게나 주어져 있고 가만히 있어도 흘러가는 시간을 말하고, 카이로스는 나의 마음이나 의지, 결정이 담겨 있으며 나를 변화시키는 의미있는 시간을 말한다. 좋은 습관을 갖는다는 것은 하루 24시간 중 유효한 시간 즉, 카이로스의 시간을 많이 만들어내는 것이다.

간디의 약속

우리가 잘 알고 있는 위인 중 마하트마 간디가 있다. 마하트마는 '위대한 영혼'이라는 뜻이다. 인도의 독립을 이끈 위대한 영혼으로 존경받는 간디는 자신과의 약속을 철저히 지킨 사람으로도 잘 알려져 있다.

간디는 사람들과의 관계를 어렵게 만들고 본인을 난처하게 만드는 것 중 가장 대표적인 것이 '말'이라고 생각했다. 그래서 간디는 일주일에 하루를 금언일(말하지 않는 날)로 정하여 의사 전달이 필요하면 글로 써서 주면서까지 말을 하지 않았다. 그렇기 때문에 간디의 말 한 마디 한 마디에는 무게가 실렸고, 감동을 줄 수 있었다.

"1분, 5분을 모아 담으면 기적을 만들 수 있다"

엘리베이터를 기다리는 1분,
버스를 기다리는 5분,
주문한 음식을 기다리는 10분…

10분씩 1년이면 3650분,
3년이면 10,950분, 무려 180시간이다.
게다가 10분 정도 자투리 시간의 장점은
놀라울 정도의 집중력을 확보해준다는 것이다.

● 시간의 가치를 알고 싶다면…

하루 24시간은 누구에게나 공평하게 주어진 시간!
24시간 중 8시간은 잠을 자고,
8시간은 의무적으로 해야 하는 일에 사용되고,
남은 시간은 8시간이다.
이 남은 8시간을 어떻게 활용하느냐에 따라
나의 인생은 달라질 수 있다.

● 내가 흘려보낸 시간의 가치를 알고 싶다면…

- 1년의 가치: 오늘 암 선고를 받고 1년 후에 죽게 될 사람에게 물어보아라.
- 한 달의 가치: 한 달 먼저 미숙아를 낳은 어머니에게 물어보아라.
- 일주일의 가치: 주간지 편집자에게 물어보아라.
- 하루의 가치: 하루 벌어 가족을 부양하는 일용직 노동자에게 물어보아라.
- 1시간의 가치: 1시간 후의 만남을 애타게 기다리는 연인들에게 물어보아라.
- 1분의 가치: 1분 차이로 집에 가는 막차를 놓친 사람에게 물어보아라.
- 1초의 가치: 1초 때문에 교통사고를 면한 사람에게 물어보아라.
- 0.01초의 가치: 0.01초 차이로 경기에서 2등을 한 사람에게 물어보아라.

01 내가 가진 좋은 습관을 두 가지 정도 적어보고, 그 습관은 어떻게 형성이 되었는가를 생각해 써보세요.

1._____

_____

_____

2._____

_____

_____

_____

02 좋은 습관을 더 많이 갖기 위해서 이젠 그만두거나 절제가 필요한 것은 무엇이고 어떻게 고쳐나갈 것인가를 써보세요.

03 현재 주간 단위의 내 생활을 정리해 보고, 향후 어떻게 개선할 것인지도 채워보자.

04 나의 하루 일과 중 자투리 타임들을 나열해보세요.

_____

_____

_____

_____

대략 하루 평균 :   분

일주일 평균 :   분

1개월 평균 :   분

05 이 시간을 활용해서 해보고 싶은 계획을 세워 보세요.

1개월 계획

_____

_____

_____

6개월 계획

_____

_____

_____

1년 계획

_____

_____

_____

어떤 행동이든
자주 반복하면 습관이 된다.
습관이 되면 힘을 얻는다.
습관은 처음에는 약한 거미줄 같지만
그대로 두면 우리를 꼼짝 못하게 묶는
쇠사슬이 된다.
- 트라이언 에드워즈

PART 2

DREAM
HOW

03

미래 는 어떤 마음가짐으로
살아야하나

내일은 인생에서 가장 중요한 것이다. 자정이
되면 내일은 매우 깨끗한 상태로 우리에게
다가온다. 매우 완벽한 모습으로 우리 곁으로 와
우리 손으로 들어온다. 내일은 우리가 어제에서
뭔가를 배웠기를 희망한다.

_존 웨인

10년 후 미래를 살다
My life ten years from now

지금 청소년들이 성인이 되어 살아갈 날은 최소 10년 후 미래 사회입니다. 미래 사회를 살아가는데 필요한 것들 역시 정확하게 알기는 어렵습니다. 미래가 어떻게 될지 어떤 능력이 필요할 것인지를 정확하게 예측할 수는 없으나 분명한 것은 지금 여러분이나 우리 어른이 갖고 있는 마음가짐 그대로는 분명 아닐 것입니다.

미래 사회에서 요구되는 마음가짐이나 태도, 역량이 무엇인지 알 수만 있다면 그것을 중심으로 공부하고 준비하면 될텐데 아쉽게도 그 누구도 정확히 알지 못합니다. 미래학이라는 학문 분야에서 많은 연구를 하여 미래 사회에 대한 정보를 발표하고는 있지만 모든 것은 예측일 뿐입니다. 단지 지난 역사나 과거를 통해서 미래가 어떻게 될 것인가를 추측해볼 뿐입니다.

우리가 배워온 역사를 보면 어느 시대에나 있었던 것도 있고, 어떤 것은 급속하게 변하는 것이 있기 마련입니다. 변하지 않는 것은 반복하여 익혀야 할 것이고, 변화에는 능동적으로 대응해 나가야 할 것입니다.

미래는 지금 현재 우리가 무엇을 하고 있는가에 달려 있다.
- 마하트마 간디

미래를 준비하는 마음가짐
I have a forward-thinking mind-set.

미래 사회를 준비하기 위해서는 우선 마음가짐을 정립하는 것이 중요합니다. 변화에 능동적으로 대처하는 자세 중 다중지능 이론을 제시한 세계적 심리학자 하워드 가드너 교수의 제안이 가장 공감이 됩니다.

첫째가 훈련하는 마음입니다. 자신에게 필요하다면 끊임없이 반복 훈련을 받아야 하는데 어떤 분야에서든 꿈을 이루려면 10년 정도는 훈련 받을 마음자세를 가져야 합니다.

둘째는 종합하는 마음입니다. 미래 사회에서는 전문 영역을 벗어나 다른 영역으로 진출하기도 하고, 융합도 합니다. 한 영역에 매몰되지 않고 융통성과 개방성을 발휘해 융합적 인재가 될 수 있어야 합니다.

 우리가 변하기 전에는 아무 것도 변하지 않는다.
– 앤드류 매튜스

셋째는 창조하는 마음입니다. 새로운 영역을 개척해 나갈 수 있는 도전 정신이 필요합니다. 지금까지 한번도 살아보지 않은 생활방식을 개척해나가는 마음자세를 길러야 합니다. 새로운 것에 대한 끊임없는 상상과 도전하는 마음이 절실합니다.

넷째는 존중하는 마음입니다. 미래는 배려하고 존중하는 마음이 더욱 더 절실합니다. 이젠 우리가 살고 있는 현장이 곧 글로벌 세계입니다. 나만을 생각하는 옹졸함, 우리 문화만을 고집하는 편협함, 무례함은 용인되지 않습니다. 받아들이고 참고 견디며 함께 잘 살아갈 수 있는 지혜를 지녀야 할 때가 된 것입니다.

다섯째는 윤리적인 마음입니다. 부모님께 효도하는 마음, 친구들과의 우정, 시민으로서의 바른 생활, 공동의 이익을 위한 봉사, 헌신이나 희생하는 모습이 미래 사회에서도 꼭 필요한 마음가짐입니다. 행복한 사회는 헌신하고 봉사하는 사람이 많습니다.

지금부터 전개되는 사회는 분야마다 첨단을 달리고, 문화적 배경이 다른 사람들과 살아가야 하는 경향이 가속화될 것입니다. 여러분은 이 다섯 가지의 마음가짐을 기본으로 자신의 특성이 되도록 연습해야 합니다. 우선 이를 정확히 이해하고, 자신이 부족한 것을 찾아 매일 하나씩 구체적으로 실천해 보시기 바랍니다.

 미래를 창조하기에 꿈만큼 좋은 것은 없다. 오늘의 유토피아가 내일 현실이 될 수 있다.
－빅토르 위고

21세기에 필요한 핵심 능력

미래 사회에 필요한 능력(Life Skills)

- **사회생활에 필요한 능력** Social Skills

  의사소통 능력 Communicaition

  대인관계 능력 Interpersonal relationship

  공감 능력 Emapthy

  자기를 아는 능력 Self-awareness

- **생각하는 능력** Thinking Skills

  문제해결능력 Problem-solving

  창의력 Creative Thinking

  의사결정 능력 Decision-making

  비판적 사고능력 Critical thinking

- **정서적 안정을 위한 능력** Emotional Skills

  스트레스 대응 능력 Coping with stress

  감정 통제 능력 Coping with emotions

01 현재 진행되고 있는 변화를 표현하는 말로 '제4차 산업혁명'이라는 말을 많이 사용합니다. 제4차 산업혁명이 무엇인지 인터넷을 통해 검색하여 간단히 정리해 보세요.

02 지금 내가 관심을 갖고 있는 분야는 향후 20년 후 어떻게 변화할 것인가에 대하여 자료를 찾아 정리해 보세요. 이와 관련 진학하고 싶은 대학이 있는지도 알아보세요.

03 스마트폰 기능의 변화와 발전은 우리의 생활을 바꾸어 놓고 있습니다. 스마트폰으로 할 수 있는 것을 아는대로 다 써보세요.

04 20년 후에는 어떤 기기가 우리의 생활을 바꾸어 놓을지 한 번 상상해 보시고 그림과 함께 적어보세요.

디지털 정보혁명은
인간을 더 행복하게,
더 생산적으로 만들어 줄 것이며,
이는 앞으로 3백 년 동안 변함이 없을 것이다.
성공하고 싶다면 어떤 일이 있더라도
이 생각을 버리지 말아야 할 것이다.
-손정의

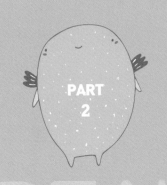

PART
2

DREAM
HOW

04

어려움에는 어떻게
대처해야 하나

과학과 예술 분야에서 큰 업적을 남긴 사람은
반드시 대학에 다니거나, 박물관이나 미술관 등의
편의를 본 사람이 아니며, 위대한 기술자와 발명가가
반드시 기계학을 전문적으로 가르쳐 주는
학교에서 배운 사람은 아니었다. 발명의 모체는
편의보다 곤궁이었으며, 인재를 가장 많이 배출한
곳은 '고난'이라는 학교였다.

_S. 스마일즈

인생은 고통의 연속
Life consists of inevitable suffering

꿈을 가지고 노력해간다면 안 될 일이 없겠지만, 반드시 그 노력을 포기하고 싶을 정도의 어려움이 닥치기 마련입니다. 아름답고 큰 꿈을 갖기만 하면 일이 잘 풀릴 것 같지만 결코 그렇지가 않습니다. 나를 방해하고 유혹하거나 심할 때는 위협하면서 내 꿈을 향한 발걸음을 방해합니다. 이때 절대 실망하거나 마음 아파하지 마세요.

우리는 힘든 일들이 생길 때마다 왜 나에게만 이런 고통과 어려움이 닥칠까 원망하는 일이 많습니다. 하지만 모든 사람들에게는 다 크고 작은 고통과 힘든 일들이 생깁니다. 즐겁고 재미있는 일보다 힘들고 고통스러운 일을 더 많이 만난다는 평범한 현실을 받아들이는 것도 정신 건강상 좋습니다. 우리가 사는 세상은 고통이 일상적인 일이라고 전제하고 살아가야 마음이 편할 것입니다.

 차라리 고난 속에 인생의 기쁨이 있다. 풍파 없는 항해, 얼마나 단조로운가! 고난이 심할수록 내 가슴은 뛴다. -니체

고통은 내게서 비롯된다
Pain comes from within

고통의 대부분은 나로부터 생깁니다. 고통이 찾아오면 그것을 남의 탓, 환경 탓으로 돌리고 싶어하는 본능이 발동합니다. 그 원인이 나에게 있다는 것을 솔직하게 인정해야 합니다.

그러면 나로 인해 생기는 고통을 없애려면 어떻게 하면 될까요?

첫째는 힘을 길러야 합니다. 억울하고 마음 아픈 일을 당하게 되는 많은 경우는 나에게 힘이 없기 때문입니다.

둘째는 생활의 규칙을 만들고 단순화시킵니다. 유혹이나 불행이 끼어들 틈이 없도록 일정한 시간에 반복적인 일을 하게 하면 고통이 침투할 여지가 적어집니다.

셋째는 공부하는 것과 노는 것의 균형을 이루어야 합니다. 삶의 균형을 잃어버릴 때 고통스러운 일은 찾아옵니다.

 당신의 꿈이 실현되지 못하도록 막을 사람은 단 한 사람을 제외하고는 아무도 없다. 그것은 바로 당신이다. -찰스 로스

고통이 성숙하게 한다
Pain makes me stronger

　　참 억울하다고 느끼게 되는 고통
도 있습니다. 이 고통에 직면했던 많은 사람들이 거기서 자신의 소명을 발견
하고 일생을 통해 할 일을 발견하게 되는 경우가 많다는 사실을 꼭 기억하기
바랍니다. 마찬가지로 이런 고통에 대처하는 세 가지 방법입니다.

　　첫째, 절대 다른 사람과 비교하지 말고, 나에게 고통이 있다는 것을 받아
들여야 합니다. 둘째, 많은 성취인들이 이 상황에서 자신의 소명과 사명을 발
견했다는 점을 명심하기 바랍니다. 세 번째, 이러한 한계 상황에서 인생의 진
리를 찾아보려는 한 차원 높은 도전을 해보는 것입니다. 인간의 본성이 무엇
인지, 왜 이러한 일들이 인간의 삶에서 존재하는지, 철학적이고 종교적인 진
리로 도약해 나가는 길도 열리게 될 것입니다.

　　행복한 사람이란 고통 없이 사는 사람이 아니라 고통과 함께 잘사는 법
을 알고 있는 사람입니다.

 땅벌은 날개보다 몸통이 커 날기 어렵지만 더 많은 날갯짓으로 이를 극복했다. 불가능에
도전해 가능으로 바꾸는 게 땅벌정신이다.　-데이비드 홀

좌절을 대하는 나의 태도

1. 집안이 나쁘다고 탓하지 마라.

   나는 몰락한 가문에서 태어나 가난하여 외갓집에서 자라야 했다.

2. 머리가 나쁘다 말하지 마라.

   나는 첫 시험에서 낙방하고 서른 둘의 늦은 나이에 겨우 과거에 급제했다.

3. 좋은 직위가 아니라고 불평하지 말라.

   나는 14년 동안 변방 오지의 말단 수비장교로 돌았다.

4. 윗사람의 지시라 어쩔 수 없다고 말하지 말라.

   나는 불의한 직속 상관들과의 불화로 몇 차례나 파면과 불이익을 받았다.

5. 몸이 약하다고 고민하지 마라.

   나는 평생 고질적인 위장병과 전염병으로 고통 받았다.

6. 기회가 주어지지 않는다고 불평하지 말라.

   나는 적군의 침입으로 나라가 위태로워진 후 마흔 일곱에 제독이 되었다.

7. 조직의 지원이 없다고 실망하지 마라.

　나는 스스로 논밭을 갈아 군자금을 만들었고, 스물세 번 싸워 스물세 번 이겼다.

8. 윗사람이 알아주지 않는다고 불만을 갖지 말라.

　나는 끊임 없는 임금의 오해와 의심으로 모든 공을 뺏긴 채 옥살이를 해야 했다.

9. 자본이 없다고 절망하지 말라.

　나는 빈손으로 돌아온 전쟁터에서 열두 척의 낡은 배로 133척의 적을 막았다.

10. 옳지 못한 방법으로 가족을 사랑한다 말하지 말라.

　나는 스무 살의 아들을 적의 칼날에 잃었고, 또 다른 아들들과 함께 전쟁터로 나섰다.

11. 죽음이 두렵다고 말하지 말라.

　나는 적들이 물러가는 마지막 전투에서 스스로 죽음을 맞이했다.

_ 충무공 이순신 장군

01 어떤 말과 태도가 여러분의 의지와 의욕을 상실하게 했었나요? 그때의 상황을 떠올려 보고 한번 적어보세요.

02 나의 꿈을 가로 막는 역경이라 생각되는 것을 생각나는 대로
5가지만 적어보세요.

1._____

2._____

3._____

4._____

5._____

03 위의 질문에서 그것은 어떻게 여러분을 가로막고 있나요?

1._____

2._____

3._____

4._____

5._____

04 꿈을 이루어가는데 장애로 생각되는 것 중 여러분의 잘못된 선택으로 생긴 것은 무엇입니까?

05 꿈 실현 과정에서 예상되는 어려운 일들은 무엇이 있을까요?

포춘이 선정한 500대 기업 CEO의 52%가
중하위층이나 빈곤층 출신이고,
미국 백만장자의 80%는 1세대 백만장자다.
기회는 살아있고 충분하다.
최근 조사에 따르면 세계 일류 리더 300명 중
75%가 가난한 가정에서 자랐고,
어린 시절 학대를 당했으며,
일부는 심각한 신체장애를 안고 있었다.

-지그 지글러

**PART
2**

DREAM
HOW

05

인격을 갖추는 것이
중요하다

자신의 길에 대한 책임은 자신이지만
이루는 과정을 봐주고 피드백을 줄 수 있는
멘토를 모셔야 한다. 나와 함께 노력하는
친구가 있을 때 힘이 적게 든다.

인격을 갖추는 일
I want to become a well-rounded person

어떻게 살 것인가에 대한 꿈을 갖는다는 것은 모든 사람들의 본이 되는 '높은 인격'을 갖추는 것이라 할 수 있습니다. 높은 인격을 갖는 것은 갑자기 위대한 성현이 되겠다는 것을 말하는 것이 아니라, 자신과 남을 불편하게 만드는 나쁜 습관을 찾아 버리고, 다른 사람에게 선한 영향력을 미치는 사람이 되겠다는 다짐과 실천인 것입니다.

그러니 지금부터 바로 시작함이 좋습니다. 우리가 흔히 생각해본 경험이 있는 '후회 없는 삶을 살겠다, 남에게 피해를 주지 않고 살겠다'는 것부터 시작하면 되는 것입니다. 시작하는 것이 중요합니다.

 나는 보석보다도 인격의 아름다움으로 장식되고 싶다. 보석은 재물에서 주어진 반면, 인격은 정신에서 온다. — B. 테일러

성현의 가르침
My mentors have taught me valuable lessons.

어떻게 살 것인가에 대한 큰 목표와 꿈을 갖는데 도움이 되는 성현의 가르침을 소개합니다. 공자님은 일방적 강의보다는 제자와 질문과 답을 하면서 주로 교육을 하셨습니다.

자공子貢이라는 제자가 묻습니다.

"선생님, 평생을 두고 지켜야 할 말씀이 있으면 해주십시오?"

"己所不欲勿施於人(기소불욕물시어인). 자기 마음을 미루어 남을 생각하는 것이다. 이것을 서恕라 하는데, 네가 하고 싶어하지 않는 일을 남에게 하도록 하지 않는 것이니라."

이 가르침은 아주 단순하지만 인격이 잘 갖춰진 사람의 삶을 나타내고 있습니다. 그리고 실천하는 것도 그리 어렵지 않습니다. 만일 여러분이 다른 사람에게 욕을 먹는 것이 싫으면 다른 사람에게 욕을 하지 말라는 것과 같은 단순한 논리인데, 평생을 두고 노력해야 하는 아주 중요한 삶의 방향입니다.

 남자가 가르침을 받지 못하면 자라서 반드시 미련하고 어리석어진다. 여자가 가르침을 받지 못하면 반드시 거칠고 솜씨가 없다. - 강태공

좋은 멘토를 만나라

I want to find a good mentor.

꿈을 갖는 것은 더 많은 경험과 정보를 필요로 합니다. 훌륭한 인격자가 된다는 것은 무엇이 되는 것보다 훨씬 많은 기간이 필요하기 때문입니다. 무엇이 되어야지, 무엇을 차지해야지 하는 생각만으로는 꿈을 이룰 수 없습니다. 내용이 어떤 것이든 그 꿈을 이루려면 바르게 사는 것에 대한 생활 방식과 태도를 지녀야 합니다.

새롭게 자신의 삶에 구현하고 싶은 것을 찾기 위해서는 먼저 '위대한 인물'을 만나야 합니다. 살아가면서 늘 떠올릴 수 있는 '큰 사람'을 마음에 두고 있다면 많은 도움이 될 것입니다. 생활하면서 '그 분'이라면 어떻게 했을까를 생각해 보면서 나의 삶을 하나하나 바로 잡을 수 있으니 말입니다.

주위에서 그런 분을 찾을 수 없다면 역사 속에서 변함없이 존경받는 분의 가르침을 따르는 것도 한 방법이 될 수 있습니다. 또 신앙의 대상에서 어떻게 살 것인가에 대한 방향을 잡을 수도 있을 것입니다.

 인간은 이런 스승을 원한다. 제자에게 처음에는 판단을 가르치고, 그 다음에는 지혜를 가르치고, 마지막으로 학문을 가르치는 스승을. - 임마누엘 칸트

가난한 영어강사에서 거인으로

알리바바 성장의 중심에는 마윈 회장이 있다. 키 162㎝, 몸무게 45㎏이라는 왜소한 체격 탓에 마윈 회장에게는 '작은 거인'이라는 수식어가 따라붙곤 한다. 그는 거듭된 실패 속에서도 좌절하지 않고 끊임없이 도전한 전형적인 자수성가형 대표다. 다양한 강연을 통해 청년들에게 끊임없이 꿈과 야망을 가지라는 말을 던진다.

가난한 집에서 태어나 공부도 잘 못했던 마윈은 영어공부만은 놓치지 않았다. 그는 20여 년 전만 해도 월급 89위안(1만5천 원)으로 시작했던 가난한 대학 영어강사였다. 입대도 거부당하고, 경찰모집에서 떨어졌으며, KFC와 호텔 입사 시험에도 모두 실패한, 그럼에도 불구하고 집에서 45분이나 자전거를 타고 가 호텔의 외국인 고객에게 무료로 여행 가이드를 해주던 꿈 많은 청년이었다.

마윈은 1992년 31살 나이에 중국 최초의 인터넷 기업으로 평가받는 통역회사 하이보를 차리며 창업 세계에 뛰어들었다. 하지만 영어 실력만 있고, 경영 경험이 부족했던지라 무리한 사무실 운영과 회계 직원의 횡령 등으로 쓴맛을 봤다. 이후 마윈은 미국에서 인터넷을 접하고 인터넷 불모지인 중국에서 1995년 인터넷 관련 기업을 창업했다. 하지만 이마저도 실패로 돌아간다.

거듭된 실패에도 불구하고 마윈은 다시 도전했다. 1999년 B2B 사이트인 알리바바닷컴을 개설했다. 알리바바란 회사를 차리고도 위기는 계속 찾아왔다. 마윈은 알리바바를 글로벌 기업으로 성장시키고 싶은 꿈이 있었다. 미국에서 투자 유치를 받기 위해 40여 곳의 회사를 찾아갔지만, 모두 고배를 마셔야만 했다.

시련은 알리바바에게 자양분이 됐다. 알리바바는 2014년 상장 후 구글, 애플, 마이크로소프트를 잇는 IT 업계 4위 기업이 됐다. 이후 투자와 온라인 시스템 변화, 인터넷 시대가 열리면서 지금의 자리에 서게 됐다. 최근엔 5조 원 규모의 중국판 유튜브로 불리는 중국 최대 동영상 포털 '여우쿠투더우'를 인수하며 이제 중국 1위 미디어 그룹 자리도 넘보고 있다. 알리바바의 성장은 아직 끝나지 않았다.

_ 알리바바 그룹의 수장, 마윈 이야기

● **억만장자 마윈의 10가지 조언**

1. 너무 많은 목표는 하나도 없는 것과 같다.
2. 세상이 불공평하다는 것을 인정하고 시작하라.
3. 내일은 더 나쁠 거라고 생각하라.
4. 가치있는 불평을 하라.
5. 세상을 바꾸려고 하지 말고 자기 자신을 바꿔라.
6. 가장 큰 실패는 포기하는 것이다.
7. 산 밑에서 곧장 정상으로 뛰어오를 수는 없다.
8. 어리석은 새가 멀리 난다.
9. 굴욕을 이겨내야 성공이 보인다.
10. 어려워서 못하는 것이 아니라 못해서 어려운 것이다.

01 내가 닮고 싶은 **훌륭**한 인격을 지닌 사람이 누구인가요? 그 분이 살아가는 방식에서 꼭 배우고 싶은 것은 무엇입니까?

02 내가 멘토로 삼고 싶은 사람이 있다면 그는 누구입니까? 그 이유도 적어 보세요.

03 여러분이 만약 담임선생님이라면 학생들의 바른 삶을 위해서 급훈을 무엇이라고 정하고 싶은가요? 그 이유도 써 보세요.

04 여러분이 부모가 되었을 때 여러분의 자녀에게 꼭 강조하고 싶은 것은 무엇인가요?

05 나의 인격이나 지성을 일깨우는 명언이 있다면 적어보세요.

06 감명깊게 읽은 책이나 위인전이 있다면 제목과 감명받은 이유를 적어보세요.

"군자란 옳음을 바탕 삼고, 예로서 이를 행하며,
겸손하게 밖으로 나타내며, 믿음과 신뢰로서
이를 이루는 사람을 말한다. 그런 사람이 군자이니라!"

대학교 2학년 때 위 논어의 구절을 보면서
평생 저렇게 살아야지 하는 마음에서
호를 '손신(遜信)'이라 지었습니다. 지금도 나 스스로에게
또 남에게도 겸손한 마음으로 믿음과 신뢰를 주는
사람이 되어야지 하면서 삶의 태도를
돌아보곤 합니다.
-지은이 박하식 <나의 호, 손신에 대하여>

PART
3

DREAM
WHAT

01

꿈의 진로를 어떻게
계획할 것인가

사람의 행복은
얼마나 많은 소유물을 가지고 있느냐에
달려 있는 것이 아니라
그것을 어떻게 잘 즐기느냐에 달려 있다.

_찰스 H. 스파존

꿈←진로←진학
My dream←My career path←My school choice

꿈을 갖는다는 것은 '무엇을 왜 할 것인가'에 대한 생각입니다. 하고자 하는 일이란 결국 직업을 말하는데, 이 직업을 갖기 위해 고등학교와 대학교, 대학원에서 배우고 준비하게 됩니다. 진학이나 직업 생활을 중심으로 자신이 하고자 하는 중요한 일들을 적절하게 배정하여 자신의 삶을 디자인하는 것이 진로입니다. 그래서 꿈을 갖는다는 것과 가장 관련 있는 말이 진학, 직업 그리고 진로일 것입니다.

진학은 여러분의 진로에 있어서 얼마나 중요할까요. '무엇을 할 것인가, 무엇이 될 것인가'에 대한 꿈은 주로 여러분이 택하게 될 상급학교로의 진학, 취업 그리고 창업 등을 통해 이루어지게 됩니다. 진학이란 현재 다니고 있는 학교에서 다음 단계의 학교를 선택, 일정한 과정을 거쳐 들어가는 것을 말합니다. 진학만 잘하면 모든 것이 다된 것 같은 착각을 하곤 합니다. 상급학교 진학이란 자신의 꿈과 진로를 성취하기 위한 첫 관문에 불과하다는 것을 알아야 합니다.

 진정한 성공은 평생의 일을 자신이 좋아하는 일에서 찾는 것이다.
－데이비드 메컬로

초등 4학년에 진학 결정
Choose a career-path in 4th grade

　　　　　　　　　　　독일에서는 학생이 어떤 상급학교
를 갈 것인가를 초등학교 4학년 때 결정하게 됩니다. 고등학교 졸업 후 대학
에 가서 더 많은 공부를 할 것인가, 직업을 가질 것인가를 초등학교 4학년에
결정하여 중학교에 입학하게 됩니다. 대학교로 진학하고자 하는 학생은 김나
지움(인문계 중고등학교)으로, 직업을 갖고자 하는 학생은 하웁트 슐레(보통학교)
나 레알 슐레(실업학교)로 가게 됩니다. 자기 삶에 가장 중요한 결정이 초등학
교 4학년에 이루어지는 것입니다.

　독일이 극단적인 예이긴 하나 진학이 막연하게 상급학교에 입학하는 것
만을 의미하는 것이 아닙니다. 진학은 자신이 종사하게 될 직업과 아주 밀접
한 관계가 있다는 것을 고려해야 합니다. 초등학교 때부터 자신의 꿈을 생각
하고, 무엇을 직업으로 할 것인가에 대해 생각해두는 것은 아주 중요합니다.
자신의 꿈, 자신이 하고자 하는 일과 관련하여 진학을 계획하는 것이 순서라
는 것입니다.

 하고 싶은 직업을 미리 체험할 기회가 있으면 해봐야 한다.
　　　　　-윌리엄 펠프스

진학은 직업선택과 밀접

Choosing your school is closely related to
your career path

직업은 우리 삶의 수단일까요, 목적일까요? 가족의 생계를 책임지고 계신 부모님의 직업생활은 삶을 유지하기 위한 수단인 것은 분명합니다. 그렇지만 직업이 삶의 목적이기도 해야 한다는 것입니다. 그래서 나의 직업은 하고자 했던 꿈과 나의 철학이 들어 있어야 합니다. 다른 사람으로부터 인정 받고, 존경 받고, 국가와 세계에 도움이 되는 일을 하는 것이 가장 이상적인 직업생활인 것입니다.

진로는 나아갈 진進, 길 로路를 써서 앞으로 나아갈 길이라는 뜻을 담고 있습니다. 진로라는 말에는 살아가는 동안 하게 될 학업, 직업, 가정생활, 여가나 봉사활동 전체를 포함하는 말이라고 할 수 있습니다. 이렇게 볼 때 진학, 진로, 직업 중 진로가 가장 포괄적인 단어로 쓰인다는 것을 알 수 있습니다. 그래서 진로를 설계할 때는 반드시 진학이나 직업 계획이 들어 있어야 함은 물론, 사회를 지탱해주는 가장 소중한 단위인 가정생활, 즐거운 삶을 위한 취미생활, 다른 사람을 위한 봉사에 대한 계획도 담고 있어야 합니다.

 직업에서 행복을 찾아라. 아니면 행복이 무엇인지 절대 모를 것이다.
−엘버트 허버드

나의 꿈 설계

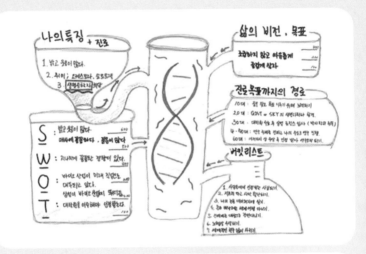

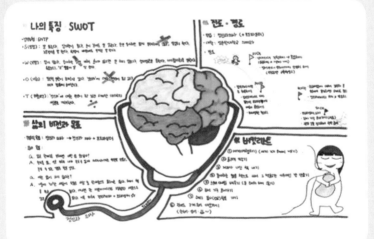

나의 버킷리스트

버킷 리스트(bucket list)란 죽기 전에 꼭 해 보고 싶은 일과 보고 싶은 것들을 적은 목록을 말한다. '죽다'라는 뜻으로 쓰이는 속어인 '킥 더 버킷kick the bucket으로부터 만들어진 말이다. 중세 시대에는 교수형을 집행하거나 자살할 때 올가미를 목에 두른 뒤 뒤집어 놓은 양동이bucket에 올라간 다음 양동이를 걷어참으로써 목을 맸는데, 이로부터 킥 더 버킷이라는 말이 유래하였다고 전해진다.

2007년 미국에서 제작된 롭 라이너 감독, 잭 니콜슨·모건 프리먼 주연의 영화 〈버킷 리스트〉가 상영된 후부터 이 말이 널리 사용되기 시작했다. 영화는 죽음을 앞둔 두 주인공이 한 병실을 쓰게 되면서 남은 시간 동안 하고 싶은 일에 대한 리스트를 만들고, 병실을 뛰쳐나가 이를 하나씩 실행하는 이야기를 담고 있다. '우리가 인생에서 가장 많이 후회하는 것은 살면서 한 일들이 아니라, 하지 않은 일들'이라는 영화 속 메시지처럼 후회하지 않는 삶을 살다 가려는 목적으로 작성하는 리스트라 할 수 있다.

● 포스코 패밀리의 버킷리스트 25

1. 혼자서 또는 사랑하는 사람들과 세계일주 떠나기
2. 다른 나라 언어 하나 이상 마스터하기
3. 악기 하나 마스터하기
4. 열정적인 사랑 그리고 행복한 결혼
5. 국가가 인증하는 자격증 따기
6. 국내여행 완전정복
7. 나보다 어려운 누군가의 후원자 되기
8. 우리 가족을 위해 내 손으로 집 짓기
9. 오로지 혼자 떠나는 한 달간의 자유여행
10. 생활 속 봉사활동, 재능 기부하기
11. 1년에 책 100권 읽기
12. 우리 가족 각자의 인생 계획표 만들기
13. 내 후손에게 물려줄 수 있는 가치 있는 유산 만들기
14. 아마추어 사진작가에 도전하기
15. 자전거로 하루 30㎞ 달려보기
16. 사랑하는 사람을 위한 최고의 밥상 차리기
17. 몸치 탈출, 댄싱 퀸&킹에 도전하기
18. 나만의 생각을 담은 강연하기
19. 베스트셀러 작가 되기
20. 히말라야 트레킹하기
21. 인맥지도 그리기
22. 1년 365일 빠짐없이 일기 쓰기
23. 아프리카 사파리 체험하기
24. 우리 가족의 얼굴을 내 손으로 그려보기
25. 80세 생일에 상영할 수 있는 스마트폰 영화 찍기

이제 꿈에 대한 기본 설계도를 그려 봅니다.

01 우선 내 삶의 목표를 적어보세요.

_____

_____

_____

_____

_____

02 내 삶을 마치고 누군가가 나에 대한 영화를 만든다고 할 때 붙여 주었으면 하는 멋진

표현을 찾아보세요.

_____

_____

_____

_____

_____

03 이 목표를 달성하기 위해서 꼭 해야 할 일, 직업을 현재
아는 대로 적어 보세요.

04 보수가 따르는 직업 외에 꼭 하고 싶은 일들을 생각나는 대로 적어보세요.

05 내가 부모가 되는 가정의 모습은 어떠한 모습인지 표현해 보세요.

06 나중에 내가 부모로서 자녀에게 물려주고 싶은 것은 무엇인가요?

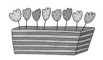

내가 알고 있는 최대의 비극은
많은 젊은 사람들이
자기가 진정으로 하고 싶은 일이 무엇인가를
알지 못하고 있다는 것이다.
단지 급여에 얽매여
일하고 있는 사람처럼
불쌍한 인간은 없다.

-카네기

PART 3

DREAM WHAT

02

언제쯤 진로 직업을
선택해야 하는가

교육은 미래를 만드는 토양임과 동시에
에너지원이다. 획일 보편적인 교육으로
학생이 선택할 수 있는 미래 직업은 많지 않다.
교육은 자신의 인생을 성공적으로 만들기
위해 목표와 계획, 즉 진로 설계를 짜도록
지도하는 선에서 끝나는 것이 좋다.

중학생의 선택

Choices for middle schoolers in their second year.

     먼저 중학교 2학년까지는 자신이 해야 할 첫 직업을 무엇으로 할 것인가에 대하여 결정하는 것이 좋습니다. 이것은 이미 우리나라 중학교의 교육 목표에 '적극적으로 삶의 방향과 진로를 탐색하라'로 밝히고 있습니다.

    2016년도부터 전국적으로 시행되는 중학교 자유학기제는 진로 찾기를 위한 좋은 제도입니다. 학교 생활에서 자신을 돌아보고, 세계와 자연에 대한 직·간접 체험을 하며, 자신의 미래를 상상하는 일은 쉽지가 않습니다. 한 학기 두 번의 시험 준비를 위해 닥치는 대로 외우고, 연습문제도 최대한 많이 풀어야만 좋은 성적을 받을 수 있는 현 상황에서 이것은 어쩌면 사치일 수도 있습니다. 그런데 공식적으로 이런 제도를 시행하니 유익하게 사용하면 정말 좋겠습니다. 이 기간 동안 가장 중요시 해야 할 것은 자신에 대해 깊이 생각하고, 많은 활동에 적극적으로 참여하여 자신의 마음을 움직이는 분야를 찾아내는 것입니다. 그리고 고등학교를 선택하는 것입니다.

 자신은 물론 주위 사람에게도 도움이 될 수 있는 목표를 세워라.
   – 맨터니 로빈스

자유학기제를 활용하라
Take advantage of the Free Semester policy

자유학기제는 자신을 끌어당기고 마음을 움직이게 하는 무언가를 찾을 수 있는 아주 중요한 시간입니다. 쳇바퀴 도는 듯한 학교생활에서 활동 중심으로 수업에 참여하고, 여러 곳을 직접 가보고, 가능한 활동을 많이 해보세요. 그러다 보면 그것이 구체적인 어떤 직업으로 다가올 수도 있고, 공부의 어떤 내용이 될 수도 있고, 어떤 과목이 될 수도 있습니다. 학교생활의 매 순간을 의미있고 충실하게 생활하다 보면 내 마음이 향해 있는 과목과 주제를 만나게 됩니다. 그 과목에 좀 더 관심을 갖고, 관련 도서를 더 읽어 보고, 선생님 또는 전문가들도 만나보세요.

10대 때 정하는 진로 방식은 직업을 정하고 준비하는 것이 아닙니다. 좋아하게 되는 과목과 활동을 남보다 더 열심히 해보고, 관련 직업을 찾아보고 준비 과정을 조사하면서 나의 길, 나의 직업을 찾는 것이 더 중요합니다. 여러분이 가장 많은 시간을 보내는 학교생활, 거기서의 공부와 활동, 그리고 수많은 만남 안에 내가 원하는 진로의 길이 있습니다.

 인생이란 각 개인의 크고 작은 생각에 따라서 전개된다. 보다 더 풍요한 생활을 하기 위해서는 먼저 생각을 크고 풍부하게 가져야 한다. -토마스 드라이어

어른 준비와 연습
Prepare for adulthood

꿈이나 진로를 고려하여 첫 번째 선택해야 할 일이 다녀야 할 고등학교를 정하는 것입니다. 중학교는 선택의 여지가 거의 없지만 고등학교는 그렇지 않습니다. 고등학교 이후 나의 삶을 어떻게 계획하느냐에 따라 선택할 수 있는 고등학교가 다양합니다.

우리나라는 법적으로 만19세가 되면 성인이 됩니다. 고등학교 3학년부터 우리 사회에서 성인이 됩니다. 고등학생은 성인이 되기 바로 전 단계little adult의 청소년들로서 어른이 되기 위한 준비와 연습이 필요한 시기입니다.

고등학교 시절은 성인이 되었을 때 하게 될 일에 대한 준비를 철저히 해야 합니다. 고교 졸업 후 바로 취업할 학생은 인성과 함께 취업에 필요한 기능을 익혀야 하고, 대학에 진학할 학생은 학과에 대한 준비를 본격적으로 해야 합니다. 성적에 맞춰 고등학교에 진학하는 것이 아니라 삶의 계획에 맞게 고등학교를 선택하고, 자신의 미래와 연계된 공부와 활동을 깊이 있게 해야 합니다.

 단연코 인생이 주는 최고의 상은 할만한 가치가 있는 일에서 온 힘을 다할 기회이다.
－시어도어 루즈벨트

슈바이처가 찾은 봉사의 길

알베르트 슈바이처는 많은 사람들의 롤 모델이다. 독일 출신, 프랑스 국적인 그는 의사로서 아프리카에서 인술을 베풀고 봉사하였다. 그런데 의사는 그가 가장 나중에 갖게 된 직업이다. 유럽에서 그는 유명한 파이프오르간 연주자였고, 신학과 철학 박사 학위를 받은 대학교 교수였으며, 교회를 이끌어가는 목사였다. 이것만으로도 그는 충분히 성공적인 사회생활, 행복한 삶을 영위할 수 있었다. 그런데 어느 날, 그는 한 잡지에서 이런 글을 발견하게 된다.

'여긴 약사도 의사도 없습니다. 의사이신 분 도와주세요.'

이 짧은 글을 본 순간 슈바이처는 마음이 떨리고, 그곳으로 가지 않으면 안 된다는 무언가로부터의 '끌림'을 느꼈다. 질병으로 고통 받는 아프리카 사람들을 돕기 위해서는 교수나 목사는 아무런 의미가 없다고 생각한 그는 엄청난 결심을 하였다.

자신이 교수로 재직하고 있던 대학교의 의대에 입학지원서를 냈다. 1905년, 30세에 입학하여 정식 의사자격 취득을 위한 공부를 시작한 것이다. 6년에 걸쳐 의사 자격과 박사 학위를 취득하고 1911년에 아프리카로 떠났다.

안정된 직업을 버리는 것만 해도 대단한 결단이 필요한데, 새로운 일을 위해 몇 년간 공부하고 준비했다는 것은 전해 주는 바가 크다.

슈바이처는 '생명에 대한 경외'라는 그의 고유한 철학이 인류의 형제애를 발전시키는데 기여한 공로로 1952년 노벨 평화상을 수상하였다. 이 철학은 그가 중앙아프리카 서부 지역의 랑바레네에서 알베르트 슈바이처 병원을 세울 때의 설립 이념이다. 누군가 그에게 물었다.

"왜 이런 3등칸을 타고 가십니까?"

슈바이처가 대답하였다.

"저는 편안한 곳을 찾아다니는게 아니라 저의 도움을 필요로 하는 곳을 찾아 다닙니다. 특등실의 사람들은 저를 필요로 하지 않습니다."

_ 알베르트 슈바이처 이야기

● 알베르트 슈바이처 명언

- 연대라는 이름의 원을 모든 생명에게로 넓히기 전까지는, 인간은 진정한 평화를 느낄수없다.
- 선善이란 생명을 유지하고 촉진하는 것이요. 악惡이란 생명을 파괴하고 저해하는 것이다.
- 생생한 진리는 인간 사색에 의하여 산출된 것뿐이다.

● 알베르트 슈바이처 묘비명

식인종이 나를 잡으면 나는 그들이 다음과 같이 말해주길 바란다.
우리는 슈바이처 박사를 먹었어.
그는 끝까지 맛이 좋았어.
그리고 그의 끝도 나쁘지는 않았어.

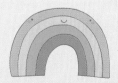

01 고교 졸업 후 내가 생각하고 있는 진로는 대학진학인가, 취업인가? 지금까지의 생각과 다른 방향의 계획도 한번 세워 보세요.(당연히 대학진학이라고 생각했던 학생은 취업 다음에 대학 진학으로, 당연히 취업이라고 생각했던 학생은 대학 진학 후 취업으로 생각해보세요.)

02 나의 관심을 끌고 있는 고등학교 다섯을 선택하여 그 학교 홈페이지에서 교육목표와 교육의 특징을 적어 보세요.

1.

2.

3.

4.

5.

03 자유학기제에서 어떤 일을 해보고 싶은지, 자신이 계획한 일이 있으면 써보세요.

04 자신이 방문해보고 싶은 학교가 있으면 리스트를 작성해 보세요.

자유학기제란 중학교 교육과정 중
한 학기동안 시험 없이 수업 운영을 실습,
토론하는 등 학생 참여 중심으로 개선하고
진로탐색 강화를 중심으로
다양한 체험 활동이 가능하도록
교육과정을 유연하게 운영하는
제도이다.

**PART
3**

DREAM
WHAT

03

끌림과 울림이 있는
일을 찾아라

10년 후의 일자리 60%는 아직 생기지도 않았다.
2030년까지 전 세계에서 일자리 20억 개가 사라질
것이다. 현존하는 직장, 직종의 80%가
2030년에 소멸, 진화한다.

_토마스 프레이

관심 있는 직업
Find jobs I am interested in

직업은 자신의 삶에서 가장 많은 부분을 차지하므로 나에게 잘 맞는 직업을 선택해야 하는데 그러려면 먼저 어떤 직업이 있는지부터 알아야 합니다. 직업이 몇 개쯤 될지 생각해 본적이 있나요? 직업은 청소년만이 아니라 우리 모두의 가장 큰 관심분야입니다.

국가에서는 정보력을 총동원하여 직업에 대한 정보를 모아 놓은《한국직업사전》을 정기적으로 발간하고 있습니다. 2015년 기준, 우리나라의 직업 수는 11,440종이고, 직업명은 14,881개라고 합니다. 하지만 향후 20년 이내에 이 직업 중 47%가 사라진다고 합니다.

직업의 특성을 비교하여 선택하는 경우보다 주변에서 흔히 접할 수 있는 직업을 선호하는 경우가 많을 것이라 생각합니다. 학생들 스스로 직업의 세계를 알고자 노력해야 하며, 부모님들께서도 자신의 주관적 경험에 국한하지 말고 다양한 직업 세계를 알 수 있도록 도와야 하겠습니다.

그 어떤 위대한 일도 열정 없이 이루어진 것은 없다.
– 랠프 월도 에머슨

직업 알아보기
How do I find right jobs?

　　　　　　　　자신에게 맞는 직업을 선택하기 위
해서는 직업 세계에 대한 정보와 경험의 폭을 넓히는 것이 필요합니다. 만 개
가 넘는 직업을 다 알 필요는 없지만, 관심 분야의 직업에 대한 정보의 폭을
넓혀 가는 것이 필요하고, 실제 직업인들의 생활도 알아보는 것이 좋습니다.

　　책이나 인터넷 자료를 통한 조사가 있고, 그 직업 종사자와 인터뷰하여
직업관을 형성하는 것도 한 방법입니다. 그리고 나의 직업 카드를 만들어 볼
것을 권해드립니다. 기존의 책자로 나와있는 것을 활용해도 좋고, 나름대로
궁금하게 생각하는 직업을 정하여 최소한 7개 이상은 조사를 해 보는 것이
도움이 될 것입니다. 직업에 대한 나름대로의 직업 카드가 모이게 되면 그 중
에서 자신에게 맞고, 준비가 가능하며, 가장 잘 할 수 있는 직업을 선택하면
될 것입니다.

 일에서 행복을 찾으려면 세 가지가 필요하다. 그 일이 자기에게 맞아야 한다. 그 일을 지
나치게 많이 하지 말아야 한다. 그리고 그 일에서 성취감을 맛보아야 한다.　- 존 러스킨

선택하고 싶은 첫 번째 직업
Choosing my first job

직업을 선택할 때는 나름대로 기준이 있습니다. 급여가 많은 직업, 정년이 오래 보장되는 안정적 직업, 육체적으로 힘들지 않은 직업 등 여러 가지가 있습니다. 어떤 직업이 좋을지 생각하다 보면 자연히 여러 직업에 관심을 갖게 됩니다.

졸업하고 첫 번째로 종사하게 될 일은 자신이 몰입하고 집중할 수 있는 일이어야 합니다. 그래서 내가 선택하는 것이 아니라 그 분야, 그 영역이 나를 원하는구나 하는 느낌을 받게 되는 그런 분야를 선택하는 것이 좋습니다.

모든 직업을 다 안 다음에 직업을 선택하는 것이 아니라 나의 마음을 끄는 주제, 과목, 활동에 대해 더욱 깊이 있게 집중하면서 그와 관련된 직업을 찾아 보는 것이 현명한 직업 선택 방식입니다. 아무 생각없이 하루하루를 보내는 것이 아니라 진지하게 한 달 또는 한 학기만 열심히 생활해 본다면 여러분의 마음을 잡아당기는 무언가를 발견하게 될 것입니다.

 너는 왜 평범하게 노력하는가, 시시하게 살기를 원치 않으면서!
- 존 F. 케네디

흥미, 선호과목과 직업의 관계

- **국어** : 평론가, 편집자, 교정원, 배우, 작가, 정치가, 비행기 승무원, 라디오, 비서, TV아나운서, 카피라이터, 법률가, 리포터, 속기사, 도서관 사서, 교사, 기자, 칼럼니스트
- **수학** : 판매원, 은행원, 우체국 직원, 주식투자중개인, 경제학자, 웨이터/웨이트리스, 컴퓨터 오퍼레이터, 부동산중개인, 인테리어 디자이너, 보험설계사, 비행기조종사, 통계사무원, 목수, 조세공무원, 항해사, 건축가, 교사, 회계사, 기술자
- **음악/미술** : 목공, 미술, 음악치료사, 조각가, 모델, 무용가, 화가, 만화가, 사진사, 디자이너, 보석세공인, 큐레이터, 음악평론가, 건축가, 교사, 음악가, 공예가, 지휘자
- **기술/가정/상업** : 문서정리원, 은행출납사무원,접수계원, 요리사, 영양사, 벽돌공, 목수, 미용사, 재봉원, 전기학자, 배광공, 용접공, 기계공, 항공기술자, 토목공학제도사, 간호원, 기업경영인, 은행원
- **과학** : 의사, 실험연구원, 기상학자, 물리학자, 동물학자, 엑스레이, 기술자, 교사, 원예사, 기술자, 건축가, 약사, 천문학자
- **사회/도덕** : 철학자, 심리학자, 탐정, 기자, 경찰 통계학자, 공무원, 해외특파원, 사회사업가, 사회학자, 정치인, 법률가
- **건강/체육** : 안경사, 정신치료사, 의학연구원, 방사선기사, 다이어트관리사, 코치, 생화학자, 병리학자, 의사, 물리치료사, 운동선수
- **외국어**(영어/한문) : 관광가이드, 스튜어디스, 관세사, 수출업자, 외교관, 교사, 통역가, 번역가, 역사가, 기자, 사회사업가

출처 : 〈중학생을 위한 학교상담프로그램/강진령 외, 학지사,2009〉

http://www.bpnews.kr/news/articleView.html?idxno=25177

지금 이 순간, 나에 의해 만들어지기를 기다리는 직업이 있다.
현재 직업의 절반은 20년 안에 사라질 것, 내가 꿈꾸고 만들면 직업이 된다

● 창직이란

창직創職, Job Creation이란, 창조적 아이디어와 활동을 통해 스스로 새로운 직업을 발굴하고 이를 바탕으로 노동시장에 진입하는 것을 말한다. 문화·예술·IT·농업·제조업 등 다양한 분야에서 창조적인 아이디어와 활동을 통해 자신의 지식, 기술, 능력, 흥미, 적성 등에 부합하는 기존에 없던 직업을 창출하는 것이다.

● 창직 6계명

1. 튀어야 산다!
   창의적인 아이디어가 중요하다. 발상의 전환으로 틈새시장을 찾아내자.
2. 직업의 세계를 이해하라!
   이미 있는 직업을 합치거나 세분화하면 블루오션을 찾을 수 있다.
3. 잘 할 수 있는 분야를 찾아라!
   잘 할 수 있는일, 줄곧 관심 가졌던 분야가 무엇인지 제대로 파악하자.
4. 시대보다 한 박자만 앞서가라!
   시장 동향이나 미래 트렌드를 분석해 5년 정도 남보다 앞서 가라.
5. 도움을 구하라!
   전문가의 의견을 참고하고 실행에 옮겨라. 각종 지원제도를 활용해라
6. 실패를 활용하라!
   당장 원하는 결과물이 안 나와도 좌절하지 말고 노하우를 쌓아라.

01 학교생활 중 나의 관심을 끌고 있는 과목이나 활동은 무엇인가요?

_____

_____

_____

_____

_____

_____

02 학교생활에서 언제, 누구와, 혹은 어떤 만남에서 가장 많이 마음이 움직이나요?

_____

_____

_____

_____

_____

_____

04 내가 상상하는 미래의 트렌드, 이런 일도 일어나지 않을까?

_____

_____

_____

_____

_____

_____

_____

05 지금은 없지만 생기지 않을까 생각되는 직업을 적어보자. 엉뚱해도 좋아요.

06 그중 가장 호감이 가는 한 가지, 내가 해보고 싶은 직업을 고른다면? 그 이유는?

07 이 직업을 하기 위해 가장 먼저 해야 할 일은 무엇이라고 생각하나요?

1. 오늘 당장

_____

2. 1주일 이내

_____

_____

1. 1개월 이내

_____

_____

2030년 대부분의 사람들은
스스로 3D 프린팅 의류를 입고,
3D 프린팅 주택에 살면서,
드론으로 택배를 받고,
한 대 이상의 로봇을 소유할 것이다.
프리랜서로 유연하게 일하고
무인자동차를 이용하는 일도 많을 것이다.
오늘날보다 3배 정도 교육수준이 높아지고,
성취 능력도 10배 증대된다.
실로 엄청난 변화다. 우리는 유래 없이
기회가 많은 시대로 진입하고 있다.

- 토머스 프레이 / 2030 미래직업 전망

PART
3

DREAM
WHAT

04

100년 동안의 삶을
어떻게 설계할 것인가

무덤 안에서 가장 부자가 되는 것은
중요하지 않다. 매일 잠자리에 들 때쯤 내가
오늘 멋진 일을 했다고 말하는 것,
그것이 내게는 중요하다.

_ 스티브 잡스

100세 인생 설계
Designing 100 years of my life

          10대인 여러분은 분명 100세는 넘게 살 것입니다. 그러므로 무엇을 하며 살 것인가에 대한 접근 방식이 달라야 합니다. 100년을 어떻게 건강하고 행복하게 살 것인가를 염두에 두고 꿈을 찾아야 합니다. 여러분이 꿈을 갖고 진로를 찾을 때면 대부분이 '취업'에 초점을 맞추고 있습니다. 요즘은 30년 이상을 보장하는 직장은 극히 드뭅니다.

          평생 무슨 일을 하며 산다는 꿈을 정할 때 어떤 직업 하나만을 택한다든가, 어떤 위치에 올라야지 하는 것이 전부여서는 안 됩니다. 100년의 인생 설계가 되어야 합니다. 의료기술의 발달로 건강하게 살 수 있기 때문에 100년 인생을 아름답고 멋지게, 본인과 주위 사람들이 행복한 삶을 살 수 있게 하는 꿈을 가져야 합니다. 해야 할 일을 정한 사람은 눈빛과 마음가짐, 생활태도가 달라집니다. 앞으로 전개될 아름다운 100년을 멋지게 디자인해 보세요.

 오래 살기를 원하면 잘 살아라. 어리석음과 사악함이 수명을 줄인다.
   - 벤자민 프랭클린

하고 싶은 일을 하라
Doing what I want to do

　　　　　　　　　　　무엇을 할 것인가를 정하는 일은 신중해야 합니다. A를 선택하자니 B를 포기해야 되고, C는 돈을 많이 벌 수 있는데 하면서 갈등하게 됩니다. 하지만 그 서너 가지를 다 할 수 있는 사람이 바로 여러분 세대입니다. 한 직업에 20년씩 일한다 해도 세 가지 이상을 할 수 있습니다.

　　기성 세대의 고정 관념인 '고교졸업 → 대학 진학 (군대)-취업 → 퇴직 → 퇴직 후 연금 생활'과 같은 단순 인생 설계 방식에서 벗어나야 합니다. 고등학교 때 열심히 공부하여 좋은 대학에 진학하면 평생 편하게 살 수 있는 직업을 갖게 된다는 고정관념에서도 벗어나야 합니다. 돈을 버는 일만이 아니라 어떻게 쓸 것인가에 대한 꿈도 있어야 하고, 자아실현을 위한 예술과 종교에 관한 것도 포함해야 합니다. 삶을 아름답게 하기 위한 '문화적 삶'과 역사에 남을 만한 '사회적 일' 등 입체적으로 구성해야 합니다. 100년 삶의 설계는 자신의 특성과 개성을 살려 새로운 방식으로 디자인해야 합니다.

 인생에서 원하는 것을 얻기 위한 첫 번째 단계는 내가 무엇을 원하는지 결정하는 것이다.
　　　　－ 벤 스타인

평생 공부하라
Learn something new every day

　　　　　　　　　　　　　　새로운 직업을 가지려면 그 직업을
위한 배움과 준비가 필요한데 나이에 관계 없이 배울 수 있는 환경이 잘되어
있습니다. 하고 싶은 마음만 있으면 모든 것을 다 구현할 수 있습니다. 외국
에 가지 않아도 세계 최고의 강의를 얼마든지 들을 수 있는 세상이 되었기에
꿈을 포기하지만 않으면 됩니다.

　　성인을 위한 대학과 대학원 과정인 방송통신대학교는 2015년 기준 재학
생이 212,875명, 졸업생이 607,799명으로 학생 정원이 가장 많은 대학입니
다. 어른들도 직장에 다니면서 공부하거나 다른 직업을 위해서, 또 다른 꿈을
위해서 이렇게 많이들 공부하고 있습니다. 이 외에도 인터넷을 활용한 대학
이나 대학원 과정이 많이 있습니다. 성인이 되어 첫 번째로 일하게 되는 일을
위하여 지금부터 10년간 최선을 다해 준비하는 것이 무엇보다 중요합니다.
최선을 다해 성취한 경험이 있으면 두 번째, 세 번째 일을 준비하는데 걸리는
시간은 처음보다 반 이하로 줄일 수 있습니다.

 배우기만 하고 생각하지 않으면 얻는 것이 없고, 생각만 하고 배우지 않으면 위태롭다.
　　- 공자

이젠 500세를 바라본다

100세까지 살 확률이 높아졌다. 세월의 무게에 꽁꽁 매어 있던 '수명 100세'라는 봉인이 풀렸기 때문이다. 20세기 후반 의학의 발달에 의한 급속한 수명 증가가 빚어낸 결과다. 유엔의 통계에 따르면 2015년 현재 100세가 넘은 사람(센티내리언, centenarian)은 전 세계 45만1천 명에 달한다. 1990년 9만5천 명에서 15년 사이에 4배 이상이 증가한 셈이다.

이런 현상으로 일부에선 수명의 한계가 이미 깨졌다고 주장하기도 한다. 그들은 이미 최근 출생한 사람들 중에 150세 이상 살 수 있는 사람이 있으며, 20년 안에 1000살이 넘게 살 수 있는 사람이 태어날 것이라고 주장하기도 한다. 바야흐로 의료 수단을 통해 노화를 통제하게 될 시대가 다가오고 있다고 해도 과언이 아닐 것이다.

구글도 이런 인간 수명의 한계에 도전하는 기업의 반열에 들어섰다. 구글의 공동 창업자인 세르게이 브린과 래리 페이지는 2013년에 세운 바이오 기업 칼리코(Calico, 캘리포니아 생명기업)를 통해 인간수명의 한계를 늘이는 사업에 출사표를 던졌다. 구글 창업자들은 노화老化의 비밀을 알아내 인간의 수명을 획기적으로 연장하는 것이 칼리코의 목표라고 밝혔다. 그것도 10년, 20년이 아니다. 칼리코 설립 아이디어를 낸 빌 매리스 전 구글벤처스GV 최고경영자CEO는 블룸버그와 인터뷰에서 "사람이 500세 이상 사는 게 가능하냐고 물으면 내 답은 '그렇다'이다"며 "돈을 많이 버는 것과 오래 사는 것 중 무엇을 먼저 선택하겠느냐"고 바이오 연구에 대해 투자하는 이유를 설명했다. 500년을 목표로 진행되는 이 연구는 오래지 않아 인간의 수명을 현재보다는 훨씬 오래 살게 되는 새로운 시대가 열린다는 것으로 상상의 스토리가 아닌 현실이 될 것이다.

자료 : http://www.hani.co.kr/arti/society/society_general/758813.html
http://news.chosun.com/site/data/html_dir/2016/12/26/2016122600464.html

성인이 되면 기본적으로 해야 할 일들에는 직업을 갖는 일(경제생활), 가정을 이루는 일, 사회활동(정치, 사회적 기업, 봉사활동), 문화활동(종교)이 있습니다.

01 나에게 주어진 100년의 삶을 30년씩 세 번으로 나누어 삶을 설계해 보세요.
또는 20년씩 5번으로 나누어 삶을 설계해 보세요.

02 첫 번째로 하고 싶은 일(직업)에 종사하기 위한 과정과 자격을 조사해서 적어보세요.

매일 아침 하루 일과를 계획하고
그 계획을 실행하는 사람은,
극도로 바쁜 미로 같은 삶 속에서
그를 안내할 한 올의 실을 지니고 있는 것이다.
그러나 계획이 서있지 않고
단순히 우발적으로 시간을 사용하게 된다면,
곧 무질서가 삶을 지배할 것이다.
- 빅토르 위고

DREAM
LIFE

01

상상을 현실로
만들어라

꿈을 날짜와 함께 적어놓으면 그것은 목표가 되고,
목표를 잘게 나누면 그것은 계획이 되며,
그 계획을 실행에 옮기면 꿈은 실현되는 것이다.
_그레그 S. 레이드

상상을 현실로 만든다
I turn my imagination into reality.

꿈을 가진 사람의 가장 중요한 특징은 상상하는 능력이고, 그것을 현실로 만들어가는 힘을 가지고 있는 사람입니다. 그들은 현재에는 도저히 존재하지도 않고 보이지도 않는 것을 머릿속에서 그려보고, 그것을 글로 그림으로 끄집어내어 현실로 만들어가는 능력이 있습니다. 그들은 있는 그대로만 보는 것이 아니라 아주 이상적이고 아름답고 평화로운 모습을 볼 수 있는 눈과 힘을 갖고 있습니다. 꿈을 가진 사람들은 사람들을 고통스럽게 하고 불편하게 하는 것들도 노력으로 극복하여 상황을 변화시켜 나갑니다.

꿈을 품고 그것을 이루어가는 일은 정말 멋진 일입니다. 지금까지 나에게 그리고 내가 살고 있는 세상에 없었던 것을 새롭게 만드는 창조적인 일입니다. 내 눈앞의 현실에 머물러있지 않는 것에서 꿈은 시작됩니다.

 나는 무엇이다 하고 생각한 그대로의 그 무엇이 되는 것이다. 상상력은 승리자가 되는 최초의 가장 중요한 단계이다. -디오도어 루빈

굳은 신념이 있다
I have a firm faith.

꿈을 이루어가는 사람의 또 다른 특징은 상상을 현실로 바꿀 수 있다는 굳은 신념이 있습니다. 다른 사람이 모두 불가능하다고 하더라도 그것이 가능한 이유와 길을 찾아낸다는 것입니다.

불가능하다는 영어 단어가 'Impossible'입니다. 그런데 이를 조금만 다르게 보면 나에게는 가능합니다인 'I'm possible'로 바꿔볼 수 있습니다. 이는 두 가지가 다릅니다. 기호 [']가 하나 있고, I'm과 possible 사이가 한 칸 떨어져 있습니다. 위쪽 '표시는 불가능해 보이더라도 절대 목표를 낮추지 않는다로, 한 칸이 떨어져 있는 것은 불가능해 보이는 것이 가능한 것으로 바꾸려면 금방 이루어지지 않는다는 것으로 해석하면 어떨까요.

일정 시간이 필요하고, 이 기간 동안 열정과 노력으로 채워가면 결국 가능한 상태가 된다는 것입니다. 공부하면 성적이 오른다고 생각하지 않고 성적이 오를 때까지 공부하는 그런 모습과 자세를 갖는 것이 필요합니다. 꿈과 목표는 버리지만 않는다면 반드시 이루어진다는 신념을 가져 보세요.

 남의 힘을 바라지 말고 당신의 신념을 믿으라! 굳은 신념이 당신의 새로운 성공을 보장해 줄 것이다. —노먼 빈센트 필

자신의 꿈을 선포한다
I declare my dreams.

꿈을 이루어가는 사람들의 또 하나의 특징은 그 꿈을 혼자 마음속에 품고 있는 것이 아니라 선포하고, 가시화하며, 동조자를 많이 만드는 것입니다. 함께 꿈을 위해 노력하는 동료가 있고, 조언해줄 수 있는 멘토가 있는 것이 좋습니다. 그래서 커뮤니케이션이 아주 중요합니다. 나의 꿈이 무엇이다는 것을 나와 다른 사람이 이해하고, 공감하며 그 꿈에 동참하게 하는 능력이 꿈을 이루어가는 사람들의 특징입니다.

그러기 위해 자신의 꿈을 설명하는 능력을 키우는 것이 중요합니다. 다양한 프리젠테이션 능력을 갖출 수 있으면 더욱 좋겠지요. 또한 글로 잘 표현할 수 있는 능력을 갖추어야 합니다. 내 생각을 많은 사람에게 알릴 수 있는 방법은 SNS를 통한 글입니다. 자신의 생각을 잘 전하고, 편하게 읽게 하는 문장 능력은 꿈을 이루어가는 사람이 갖추어야 할 아주 중요한 요소인 것입니다. 내 꿈을 선포하여 꿈의 동반자 지지자와 함께 이루어갈 때 세상은 조금씩 바뀌어가게 되는 것입니다.

 나는 밤에 꿈을 꾸지 않는다. 나는 하루 종일 꿈을 꾼다. 나는 생계를 위해 꿈을 꾼다.
– 스티븐 스필버그

세계인의 8대 해결 과제

2000년이 되면서
UN이 정한 2000년대
세계인이 함께 해결해야 할 8대 과제

1 빈곤과 굶주림의 퇴치

2 전세계 어린이
초등학교 취학

3 양성평등 촉진과
여성권익신장

4 어린이 사망률 감소

5 임산부건강의 개선

6 에이즈, 말라리아 등
질병과의 전쟁

7 지속가능한 환경보장

8 개발을 위한 위한
국제 협력

01 남들이 불가능하다고 하는 일에 도전해 본적이 있다면 어떤 일인가요?

02 앞으로 꼭 한번 도전해보고 싶은 일이 있다면 어떤 일인가요?

03 나 혹은 청소년의 성장을 가로막는 불편부당한 일이 있다면 무엇인가요?

04 우리나라의 어린이와 청소년이 행복해지기 위해 가장 먼저 해결되어야 하는 것은 무엇이라고 생각하나요?

신념은 인간에게 가장 중요하다.
그러나 그것을 침묵으로 일관하면
아무런 소용이 없다.
어떤 대가를 치르더라도,
생명을 걸고서라도 반드시 자기의 신념을
발표하고, 실천하는 용기가 필요하다.
여기에 비로소 신념이
생명을 갖게 되는 것이다.
-아르투로 토스카니니

PART 4

DREAM LIFE

02

꿈의 저장소와
충전소가 있다

성공한 사람들에게는 특별한 공통점이 있다.
그 중 가장 공통적인 것이 메모하는 습관이다.
그들의 방법은 간단했다. 떠오르는 생각을
그 즉시 종이에 기록하는 것이다. 링컨은
모자 속에 메모지를, 슈베르트는 입고 있던 옷에,
에디슨은 3,400여 권의 메모를 남겼고
1,902건의 발명특허를 얻었다.

꿈도 기록해야 한다
I record my dreams.

꿈을 계획한다는 것, 즉 꿈을 기록하는 것은 왜 필요할까요? 그것은 바로 종이 위에 쓰면 기적이 일어나기 때문입니다.

1979년 하버드 경영대학원 졸업생들에게 명확한 장래 목표를 설정하고 기록했는가 하는 질문을 했을 때, 3%만이 목표와 계획을 세워 종이에 기록했고, 13%는 목표는 있었지만 그것을 종이에 기록하지는 않았고, 84%는 구체적인 목표가 전혀 없었다고 답했습니다. 10년 후인 1989년에 다시 그들을 찾아보았습니다. 그들은 목표는 있었지만 기록하지 않았던 13%는 목표가 없었던 84%의 학생들보다 평균 2배의 수입을 올리고 있었고, 명확한 목표와 계획을 기록했던 3%는 나머지 97%보다 평균적으로 10배의 수익을 올리고 있었습니다. 이는 브라이언 트레이시의《목표 그 성취의 기술》중에 잘 나타나 있습니다. 우리가 왜 기록해야 하는가에 대한 해답이 들어있습니다.

 둔필승총. 둔한 붓이 총명함을 이긴다. 즉 사소한 메모가 총명한 머리보다 낫다.
– 다산 정약용

메모하는 습관
I have a habit of taking notes.

꿈을 이룬 사람 그리고 이루어가는 사람의 습관 중에 빠지지 않은 것이 '메모'입니다. 머릿속에 떠오른 생각, 뉴스를 보다가, 강연이나 설교를 듣다가, 내 마음을 움직이고 끌리는 말들을 바로 메모해 놓는 것이 꿈을 이루어가는 사람들의 가장 중요한 특징입니다. 위대한 일을 해낸 사람들이 성취한 일들은 그 사람 외에 많은 사람들의 생각이나 상상 속에 분명히 있던 것이 많습니다. 그 위대한 일을 해내는 사람은 그것을 자신의 저장소에 넣어놓고 계속해서 되뇌이고 품고 있다는 것이 다른 점입니다.

요즘엔 스마트폰에 메모할 수 있는 기능이 있어 보다 쉽게 실천할 수 있게 되었습니다. 메모할 수 있도록 잘 만들어놓은 앱 프로그램들도 많이 있습니다. 그 중 하나를 택하여 꿈을 담아놓는 저장소를 만들어 두는 것이 중요합니다.

 느닷없이 떠오르는 생각이 가장 귀중한 것이며, 보관해야 할 가치가 있다.
－프란시스 베이컨

꿈을 충전하라
I have my own place and time of dreaming.

꿈을 가진 사람의 또 하나의 특징은 자신의 꿈이 꺼지지 않고 계속 작동할 수 있는 충전소가 있습니다. 저장소가 공간적 의미라면 충전소는 시간적인 의미가 더 많습니다. 꿈을 이루어가는 사람은 자신의 꿈을 확인하고, 가꾸고 수정하고 보완하는 시간을 갖고 있는 것이 특징입니다.

많은 CEO들이 자신의 꿈을 키우고 가꾸어가는 충전소를 지니고 있습니다. 그들은 새벽에 일어나 묵상과 명상을 통해 에너지를 공급받거나, 자신의 일과 직접 관련이 없는 곳에서 봉사 활동을 통해 자신을 새롭게 하거나, 자연과 함께 하면서 꿈에 힘을 불어 넣을 상상과 구상을 하는 등 자신만의 충전소를 가동합니다. 꿈을 이루어가는 분들은 자신만의 크고 작은 충전소를 가지고 꿈이 작동할 수 있도록 에너지를 공급하는 시간을 갖습니다.

 사람의 행복은 얼마나 많은 소유물을 가지고 있느냐에 달려 있는 것이 아니라 그것을 어떻게 잘 즐기느냐에 달려 있다. - 찰스 H. 스파존

프랭클린 다이어리

미국 건국의 기초를 닦은 벤저민 프랭클린은 다양한 분야에서 누구도 넘볼 수 없는 업적을 남겼다. 가장 유명한 것이 번개에 대처하기 위해 만든 피뢰침. 이 밖에도 다초점 렌즈, 소방차를 발명하는가 하면 미국 최초의 대출 도서관과 펜실베니아 대학 같은 도시 발전 프로그램을 만들었다. 말년에는 미국 헌법을 만드는 데도 참여했다.

가난한 대장장이의 아들로 태어난 벤저민 프랭클린은 어떻게 미국 역사상 가장 다재다능한 지도자가 될 수 있었을까? 독서광이었던 프랭클린에게는 책만큼 소중히 여기는 보물이 있었는데 바로 메모를 위한 '수첩'이었다. 수첩을 통해 하루 일과를 점검하고 반성하는 것은 물론 좋은 글귀나 아이디어가 있으면 틈틈이 기록했다.

프랭클린이 26세에 만든 〈가난한 리처드의 달력〉도 수첩에서 나온 아이디어다. 날씨와 생활정보, 간단한 지식, 삶의 지혜 등 자신의 수첩에 적힌 내용을 달력에 옮겨 적었다. 이 달력은 당시 미국에서 성경 다음으로 많이 팔렸을 만큼 선풍적인 인기를 끌었다.

그는 84세로 죽을 때까지 수첩을 가지고 다녔는데 정치가로서 벤자민 프랭클린은 50년동안 자신의 일정이나 계획을 항상 수첩에 기록했고 그 실행 여부를 늘 체크했다고 한다. 이런 프랭클린의 철저한 시간관리 정신을 브랜드화시킨 것이 바로 〈프랭클린 다이어리〉다. 이것은 성공을 위한 다이어리라고 불리우며 많은 사람들이 지금도 이 다이어리를 쓰고 있다.

"또렷한 기억보다는 희미한 연필자국이 낫다."

_ 벤저민 프랭클린 이야기

01 꿈을 갖기 위해, 가진 꿈을 잘 가꾸기 위해 꿈 충전의 시간을 정해 보세요.

02 나의 꿈에 대하여 지지해 주는 분이 누구인가요? 그 분과 얼마나 자주 만나나요? 그 분이 나에게 해주시는 말씀은 주로 무엇인가요?

03 내가 가진 성격적인 장점이 있다면 무엇일까요?

04 내가 가진 재능을 찾아 보세요. 이를 활용할 방법도 생각해보세요.

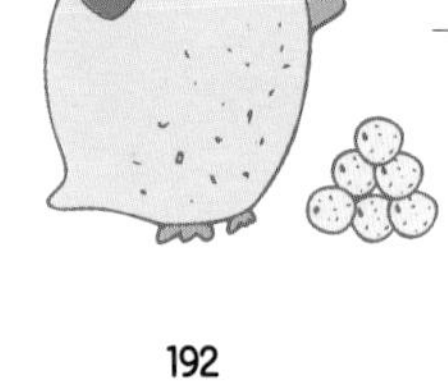

존 레논의 명곡 〈이매진Imagine〉도
메모가 낳은 작품이다.
그는 뉴욕 힐튼 호텔에 머무른 뒤
비행기를 타고 가다 갑자기 떠오른 글을
호텔 메모지에 옮겼다.
이매진은 1971년 미국 빌보드 차트 1위를
기록하고 불멸의 히트곡이 됐다.
존 레논은 어려서부터 책에서 읽은
좋은 글귀를 메모했는데
이것이 세계인을 감동시킨
수많은 노래를 만든
또 다른 배경이 되었다.

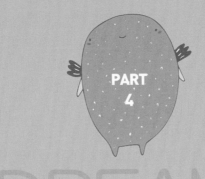

PART
4

DREAM
LIFE

03

꿈은 변하고
진화한다

세상을 변화시키려는 사람은 많다.
그러나 자기 자신을 변화시키려는
사람은 많지 않다.

_레오 톨스토이

꿈은 곡선이다
A dream is a curve.

꿈을 선으로 표현한다면 직선일까요, 곡선일까요? 살아오면서 주위를 돌아보면 꿈은 직선이 아니라 곡선이라는 것을 깨닫게 됩니다.

직선이란 두 점 사이를 잇는 최단거리라고 할 수 있는데 많은 사람들이 꿈을 갖는 것을 이런 직선으로 생각하는 경우가 많습니다. 꿈을 갖는다는 것은 내가 꼭 해야 할 일을 찾아서 정한 후 그 목표에 가장 빠르게 도달하는 것이 아닙니다.

삶과 꿈이라는 것이 그렇게 되는 경우는 흔하지 않습니다. 현재로 시작한 그 선이 가다가 비켜가기도 하고, 돌아가기도 하며, 목표를 달리 정해 가기도 하는 아주 꼬불꼬불한 곡선이 꿈을 이루어가는 것입니다. 그러니 꿈이 바뀌면 어떻게 하지 하면서 걱정할 필요가 없습니다.

 그 무엇도 직선으로 움직이지는 않는다. 따라서 어떤 목표도 좌절과 방해를 겪지 않고 이루어지는 법은 없다. – 앤드류 매튜스

꿈은 진화합니다
My dreams can change and evolve

꿈을 가지려는 생각을 의도적으로 피하려는 학생들이 더러 있습니다. 이는 우선 꿈을 갖게 되고 이를 표현하는 순간부터 이를 이루고자 노력해야 한다는 부담감이 생기고, 주변인들이 그 꿈을 근거로 최선을 다할 것을 요구할 것이라 생각하기 때문입니다. 또한 자신이 정한 꿈이 중간에 변하게 된다면 그동안 쏟은 노력이 너무나 아깝다거나, 자신의 의지가 이렇게 약했던가 하고 자책하기도 합니다.

그렇지만 꿈은 얼마든지 변할 수가 있습니다. 사실 어렸을 때 가졌던 꿈이 평생 한결같은 사람들은 그리 많지 않습니다. 자신의 능력을 과소 평가하여 예상보다 빨리 이루게 되는 경우도 있고, 큰 난관에 부딪쳐 더 이상 진행할 수 없는 경우도 있습니다. 작은 꿈이 이루어졌을 때는 또 다른 큰 꿈을 품어야 하고, 자신의 꿈을 유보하거나 우회해야 할 경우도 생기며 새로운 꿈을 만나기도 합니다. 생물이 주변환경에 따라 진화하면서 변해가듯이 꿈 또한 생명과도 같아서 새로운 상황에 놓이게 되면 바뀌게 되는 것입니다.

 삶은 한 인간이 성장해 가는 여정과 같다. 우리 인생은 우리가 무엇이 부족하다고 여기는지에 따라 달라진다. ─알프레드 아들러

목사에서 교육자로

　　나 자신도 이제 35년이 넘게 교사로서 살아오고 있습니다만, 몇 개월 전에 결정하고 준비하여 교사가 되었습니다. 처음 나의 꿈 목록에는 교사나 교육자는 없었습니다. 고등학교 때 품었던 꿈은 목사가 되는 것이었습니다. 많은 사람들에게 진리를 선포하고 사람들의 삶의 방향을 바르게 바꾸어 놓으시는 목사님의 모습은 정말 멋져 보였습니다. 하나님과 대화하면서 혼자 그 꿈을 키워가고 있었습니다.

　　어느 순간 그 꿈을 품고만 있을 수가 없고 드러내야 할 때가 되었습니다. 첫 번째로 신학대학에 진학해야 하는 것이었지만 여기서부터 험난한 난관에 봉착하게 되었습니다. 아버지는 전통적인 유교식 제례를 종교처럼 중시하는 분이셨고, 어머니는 불교적 신앙을 가졌던 분이시라 이 꿈을 대놓고 말할 처지가 아니었습니다. 꼭 관철하리라 마음 먹고 용기 내어 말씀드렸지만 어린 고3 학생으로서는 넘을 수 없는 큰 장벽이었습니다. 혼나고 야단맞는 것은 그럭저럭 견딜 수 있었지만 아버지께서 실망하시는 모습을 보고는 더 이상 고집할 수가 없었습니다.

　　그래서 그 꿈은 우회하거나 뒤로 미루어두기로 하고 일반대학에 진학하였습니다. 신학과 동떨어진 공부는 하기 싫어서 철학과에 입학했고, 본질적인 문제에 관심을 갖고 공부했습니다.

　　그러던 중 학과 선배가 철학과를 졸업해서는 진로가 불확실하니 보험든다 생각하고 교직 과목을 이수하라는 권유를 받고 별 생각없이 수강하게 되었습니다. 교사가 될 생각이 없었기에 교육 관련 과목을 대충 수강하며 지냈는데 교생실습이 문제였습니다. 기독교 교육을 철저히 하기로 유명한 영락중학교로 7명의 교생이 실습하게 되었는데 어쩌다 대표를 맡게 되어 책임감을 갖고 주어진 일들을 열심히 했습니다.

그런데 이 4주가 꿈을 바꾸게 했던 결정적 시기가 되고 말았습니다. 그 학교 선생님들의 모습, 사춘기를 보내고 있지만 순수하고 무언가를 배우려는 똘망똘망한 중학생들의 눈빛을 보면서 4주가 끝나갈 무렵 내 꿈은 극적인 변화를 맞게 되었습니다.

하나님의 일을 하는 것이 목회활동만이 아니라 교육하는 것도 충분히 의미있다고 생각하면서 졸업이 몇 개월 남지 않은 시기에 교사가 되기 위한 준비에 뛰어들었습니다. 다행히 이때는 교사가 되는 것이 지금처럼 어렵지 않아서 1980년 말 서울의 K 고등학교에 채용 결정이 났습니다. 그런데 81년 1월 어느 날, 영락중학교의 교감선생님께서 영락중학교 교사로 초빙하겠다는 제안을 해주셨습니다. 잠시 고민을 안한 것은 아니지만 바로 답변을 드렸습니다. "네 감사합니다."

1981년 영락중학교에서 시작해서 지금까지 교사직을 나의 소명으로 생각하며 지내고 있습니다. 교사가 된 다음도 계속해서 교육에 대한 새로운 꿈을 품고 작은 발걸음을 옮기면서 교육에 임해오고 있습니다.

꿈을 포기하는 것이 문제이지 꿈이 변하고 바뀌는 것은 큰 문제가 되지 않습니다. 대략 10년을 주기로 추구하는 꿈과 목표가 달라지는 것은 어쩌면 당연할 수도 있습니다.

_ 지은이 박하식

01 그동안 여러분이 하고 싶었던 일이나 꿈이 바뀐 과정을 적어보세요. 그 이유도 함께 적어보세요.

07 여러분은 어렵고 힘든 일이 생기면 어떻게 해결하고 있나요?

03 닮고 싶은 내 인생의 롤모델은 누구이며, 어떤 점을 제일 닮고 싶은가요?

04 내가 닮고 싶은 롤모델은 꿈을 이루는 과정에서 어떤 어려움이 있었고, 그것을 어떻게 극복했나요?

쉬지 않고 흘러가는 세월은
인간의 업적을 짓밟아버리지만,
꿈을 지워버리거나 창조하려는
욕구를 악화시키지는 못한다.
꿈은 날이 저물 때의 태양과
동틀녘의 달을 흉내내
비록 가끔 숨거나 잠들기는 하더라도,
영원한 정신의 일부이기에
그대로 남아있다.

-칼릴 지브란

PART
4

DREAM
LIFE

04

꿈은 소유가 아니라
살아가는 방식이다

의대생들을 봉사활동에 참여시킨 후에 체내
면역 기능을 측정한 결과 면역기능이 크게 증강되었다.
또한 마더 테레사의 전기를 읽게 한 다음
인체 변화를 조사했더니 그것만으로도 생명 능력이
크게 향상되는 것으로 나타났다.

_ 마더 테레사 효과/하버드 대학 실험결과

봉사의 참된 가치

I know the true value of volunteer work

여러분은 1년에 봉사 활동을 몇 시간쯤 하나요? 우리나라 학생들은 창의적 체험활동의 한 영역으로 봉사활동을 하도록 되어 있어 일년에 일정 시간 이상은 봉사활동을 하게 됩니다.

학생이 봉사활동을 하면 기관 또는 담당자에게 확인증을 받아 학교에 제출하고 학생생활기록부에 기록으로 남게 됩니다. 어떤 때는 봉사활동보다 확인증에 더 관심을 갖기도 합니다. 봉사활동 확인서가 더 많은 사람이 더 이타적이고 봉사적 인물이 될 가능성이 높지만 꼭 일치하지는 않습니다. 봉사적 인물인지를 확인하는 방법이 결국 확인증을 얼마나 소유하고 있는가에 의해서 결정되는 아쉬운 현상이 벌어지고 있는 것이 우리의 현실입니다.

봉사활동이 확인증을 받기 위해서, 혹은 의무감으로 행해지지 않도록 자신을 되돌아보고 봉사의 참된 의미를 되새기길 바랍니다.

 기쁜 일은 서로의 나눔을 통해 두 배로 늘어나고, 힘든 일은 함께 주고받음으로써 반으로 줄어든다. ―존 포웰

꿈은 삶의 방식이다
I know dreams reflect a way of life.

꿈은 좋은 핸드폰과 아주 유용한 앱을 하나 소유하는 것과 같이 좋은 스펙을 하나 소유하고 있는 것이라 생각하지 않은지요. 꿈을 갖고 이루어가는 사람은 꿈을 가진 사람답게 살아가는 것이고, 다시 말해 꿈꾸는 생활방식을 갖고 있는 사람을 말합니다. 꿈을 소유하고 있는 것에 그치지 않고 꿈을 가진 사람답게 살아간다는 것입니다. 꿈을 소유로 보지 않고 살아가는 생활방식으로 여긴다는 것입니다.

그렇기 때문에 생활방식으로 꿈을 갖고 있는 사람들이 살아가는 모습은 다릅니다. 꿈을 갖고 있다는 것은 살아가는 방식이 달라지는 것을 말합니다. 이런 삶을 살아오는 사람들 때문에 우리는 희망을 갖게 되는 것입니다.

 꿈을 품어라. 꿈이 없는 사람은 아무런 생명력도 없는 인형과 같다.
– 벨타사르 그라시안이모랄레스

꿈을 이룬 사람들

I will become a person who fulfills his or her dreams.

꿈을 이루어가는 사람의 특성은 다음과 같습니다.

1. 정해진 틀을 답습하지 않습니다.

2. 자유롭게 생각하고 신중하게 행동합니다.

3. 비판적 사고와 예술적 감수성을 갖고 있습니다.

4. 사람을 소중하게 여기고 먼저 인사를 합니다.

5. 원칙과 본질을 꿰뚫어 보는 눈을 갖고 있습니다.

6. 잘못된 일이 생기면 그 원인을 남의 탓으로 돌리지 않습니다.

7. 자신이 이룬 성취에 안주하지 않습니다.

8. 자신이 있는 곳에 생명력을 불어 넣습니다.

9. 실패하더라도 중단하지 않습니다.

10. 결과가 아닌 살아가는 모습으로 존경과 사랑을 받습니다.

 미래는 꿈의 아름다움을 믿는 사람들에게 주어진다.
－엘리너 루즈벨트

비폭력이 100주년을 맞다

2015년 3월 14일 영국 런던 웨스트 민스터 의회 광장에서 의미있는 행사가 열렸다. 평생을 영국으로부터 조국 인도의 독립을 위해 헌신했던 간디의 동상이 식민통치 당사자인 영국 정치의 심장부에 건립되게 된 것이다. 광장에는 마하트마 간디가 독립 운동을 하기 위해서 프리카에서 인도로 돌아온 지 100주년이 된 것을 기념하여 270cm 높이의 청동상이 세워졌다. 인도 전통의상을 입은 간디 동상은 영국 조각가 필립 잭슨의 작품으로 인도 독립을 의논하기 위해 1931년 런던을 방문한 간디의 모습을 조각하였다고 하는데 제막식에는 데이비드 개머런 영국 총리 등 양국 주요 인사들과 간디의 친손자를 비롯한 많은 인도인들이 참석하여 간디가 품었던 꿈의 성취를 기념하는 자리를 가졌다.

마하트마 간디는 1869년 인도 서해안 구자라트주 캬샤와르 지방의 포르반다르 바닷가에서 태어났다. 그의 생일 10월 2일은 유엔이 정한 '국제 비폭력의 날'이다. 본명은 모한다스 카란찬드 간디이다. 마하트마는 '위대한 영혼'이라는 의미이다. 마하트마라는 이름을 붙여준 사람은 타고르(1861~1941)이다. 간디는 4남 1녀 중 막내였고 아버지는 작은 지방토호국의 재상이었고 어머니는 경건한 힌두교 신자였다. 간디는 1948년 1월 30일 오후 5시 17분 근본주의 힌두교 신도인 나투람 비나야크 고드세의 총에 맞아 사망했다. 간디가 힌두교와 이슬람교의 화합을 통한 하나의 인도를 지향했기 때문이다. 간디를 힌두교의 이상을 파괴하는 암적 존재라는 이유에서이다. 마하트마 간디의 삶에 가장 큰 메시지는 0(제로)의 삶이었다. 그의 삶과 사상과 실천행동을 지탱하는 세 가지 기둥은 사탸그라하(진리 추구), 아힘사(불살생, 비폭력), 브라마차랴(욕망절제, 금욕)이다.

01 최근에 참가했던 봉사활동과 봉사하면서 느낀 소감을 간단히 적어보세요.

_____

_____

_____

_____

_____

_____

02 앞으로 참여하고 싶은 봉사활동이 있다면 적어보세요. 그 이유도 적어봅니다.

_____

_____

_____

_____

_____

_____

03 이제부터 여러분은 자신의 머릿속에 그리고 있는 꿈을 이루어가야 합니다. 꿈이 이루어질 때까지 꼭 지키고 싶은 것을 번호를 붙여 5개 이상 적어보세요.

1.

2.

3.

4.

5.

작은 봉사라도
그것이 계속된다면 참다운 봉사이다.
데이지 꽃은 그것이 드리우는
제 그림자에 의하여
아롱지는 이슬방울을
햇빛으로부터 지켜준다.
— 윌리엄 워즈워스

PART
4

DREAM
LIFE

05

꿈이 있는 사람은
멋있는 부자로 산다

명성을 쌓는 데는 20년이라는 세월이 걸리지만
명성을 무너뜨리는 데는 5분도 걸리지 않는다.
그걸 명심하면 네 행동이 달라질 것이다.

_워렌 버핏

멋있는 부자
I dream of using my wealth meaningfully

부자가 되는 것을 꿈으로 삼아도 될까요? 결론부터 말한다면, 됩니다. 단지 돈을 버는 것으로 그치지 않고 그 돈을 이웃과 사회를 위해 의미 있게 쓴다면 부자가 되는 것은 정말 좋은 꿈입니다. 논어에 '본립이도생本立而道生'이란 말이 나옵니다. 근본이 바로 서면 길은 열리게 되어 있다라는 말입니다.

자신의 직업이나 사업을 통해서 돈을 버는 것은 당연하고 권장할만한 일이며 열심히 일해서 번 돈은 신의 축복이 내린 선물입니다.

부자라고 하면 연상하게 되는 사치스럽고 호화로운 생활을 하는 사람은 진정한 부자와는 거리가 먼 얘기입니다. 진짜 부자는 기업을 운영하여 일자리를 만들어 국가와 사회에 기여하고, 축적된 부를 자신만이 아니라 이웃을 위해 쓰는 사람입니다. 진짜 부자는 돈을 버는 것이 얼마나 어려운 일인가를 잘 알기 때문에 절대 흥청망청 쓰지 않습니다.

 재산은 가지고 있는 자의 것이 아니고, 그것을 즐기는 자의 것이다.
– 앨버트 S.하우얼

돈은 목적이 아니다
If I chase my dream, money will follow

바른 삶의 태도로 자신만이 아닌 사회에 유익한 꿈을 품고 이루어가는 사람은 신뢰와 성실성으로 인해 물질적으로도 궁핍하지 않고 여유를 갖고 살게 될 것입니다. 그들은 이루어가는 과정에서 물질적으로 힘든 경우가 생길 수는 있어도 돈에 매여살거나 돈을 목적으로 살아가지 않습니다. 모은 돈으로 자신의 권력을 유지하거나, 쾌락에 쓰기보다는 꼭 필요한 곳에 멋지게 쓴다는 점이 다릅니다.

그들이 쓰는 돈은 사람을 살리는 일, 사람들이 고통으로부터 벗어나도록 하는 일, 인간답게 그리고 행복하게 살도록 하는 일에 쓰게 됩니다. 이런 꿈을 갖고 있는 사람들이 있기에 세상은 희망이 있고, 더 아름다운 세상에 되어갈 수 있는 것입니다. 이제 여러분의 차례입니다.

 재물과 보배는 불과도 같은 것. 매우 유용한 하인 노릇을 하는가 하면 가장 무서운 주인 노릇도 한다. - 토머스 카일라일

세계에서 가장 비싼 점심값

세계에서 가장 비싼 점심값은 얼마쯤 될까요? 점심 식사 한 끼에 40억3000만 원(345만6789달러)짜리가 있답니다. 이 점심은 매년 경매를 통해 가격이 결정되는데 2년 전인 2014년에는 22억 원이었는데 2016에는 40억 이상으로 오른 것입니다. 이것은 세계적인 투자전문가 워렌버핏과 함께 하는 점심식사 값이랍니다.

왜 이렇게 엄청난 값을 치르고 워렌 버핏과 함께 점심을 하려 하고, 그는 이 돈을 받아서 어디에 쓸까요?

세계적인 투자자이기도 한 워렌버핏은 '오마하의 현인'이라 불릴 정도로 검소하고 지혜로운 부자로 잘 알려져 있습니다. 낙찰된 사람은 혼자 버핏을 만나는 것이 아니라 가족이나 지인과 함께 자리할 수 있게 됩니다. 이 자리에서 버핏은 어디에 투자하는 것이 좋은지 구체적 지침을 주는 것이 아니라 보통 가족이나 친지들과 식사하듯 자연스러운 대화를 나눈다고 합니다. 그와 함께 식사한 사람들은 거의 그만한 가치가 있다고 말한다니 참 대단한 일입니다.

그리고 버핏은 그 돈을 전액 샌프란시스코의 노숙자, 빈곤층, 취약계층을 지원하는 글라이드 재단에 기부한다고 합니다. 버핏이 2015년도에 기부한 금액이 3조2천억 원(28억 4000만 달러)에 달합니다. 그는 정말 멋있고 아름다운 부자임에 틀림없습니다.

_ 워렌 버핏 이야기

민족사관학교 설립의 꿈

꿈이 있는 사람은 부자로 살되 자신의 돈을 정말 멋있게 쓰는 특징이 있습니다. 민족사관학교를 설립한 최명재 회장이 바로 참 멋있게 돈을 쓰시는 분입니다. 그는 민족사관학교를 설립하기 전에 중동에서 운수업으로 많은 돈을 벌었고, 학교 설립 직전에는 저온살균 우유를 최초로 도입하여 많은 돈을 벌었습니다. 민족의 발전은 교육을 통해 이루어진다고 생각하여 그 때까지 번 전 재산을 학교 설립에 헌납하셨습니다. 학교법인의 정관 전문前文에 직접 자신의 생각을 밝혔습니다.

> "날로 늘어가고 있으나 참다운 한국인은 날로 줄어가고 있는 지금, 20세기 후반에 사는 기업인의 궁극적인 책무는 기업 이윤과 그밖의 사유私有한 것을 혈족이나 일부 연고자에게 물려줄 것이 아니라 민족 전체를 위한 쾌척함이라고 깨달음에 따라, 나 파스퇴르 계열사 대표 최명재는 이 안타까운 현실에서 전국의 뛰어난 영재를 모아 퇴색되어 가는 민족혼을 되살리고 미래의 조국을 지키고 이끌어갈 유능한 한국인을 육성하고자 결심하였다. ~중략."

이런 뜻이 담긴 민족사관학교는 얼마전 개교 20년을 맞았고, 우리나라 중등교육의 새로운 역사를 만들어 가고 있습니다. 돈버는 것이 꿈이 아니라 번 돈으로 해야 할 분명하고도 확실한 꿈이 있으셨던 것입니다. 민족주체성 교육을 하면서도 세계적 인재를 키워내는 학교로 성장할 수 있었던 것은 기업을 통해 번 돈을 이렇게 귀한 곳에 쓰는 멋있는 부자가 있었기 때문입니다.

_ 민족사관학교 설립자 최명재 회장 이야기

01 자신에게 생각지도 못한 돈, 백만 원이 들어왔습니다. 그 돈을 어떻게 쓸지 구체적인 계획을 세워 보세요.

02 유명인과 함께 점심을 할 기회가 주어졌습니다. 누구와 하고 싶으며 어떤 이야기를 나누고 싶은지 미리 구체적인 이야기를 준비해 보세요.

03 여러분은 학교를 졸업하고 사회생활을 시작하게 됩니다. 돈을 많이 벌기 위해서는 어떻게 해야 하는지를 알아보세요.

04 여러분이 40대가 되어 연봉(연수입)이 10억이 되었다고 했을 때, 이 돈을 어떻게 쓰시겠습니까? 연간 지출 계획을 세워 보세요.

돈으로 살 수 없는 것

최고급 침대는 살 수 있을지언정 잠은 못 산다.
책은 살지언정 지식은 못 산다.
화려한 옷은 사도 맵시는 못 산다.
산해진미를 사더라도 식욕은 살 수 없다.
벼슬은 살 수 있어도 양심은 살 수 없다.
약은 사도 건강은 살 수 없다.
시계는 사도 세월은 살 수 없다.

PART
5

DREAM
STORY

01

우리는 이렇게
꿈을 이루고 삽니다

영화 CG,
자신만의 콘텐츠를 준비하라

― 이수영/ 2L imageworks, VFX 사업부문 사장

영화 CG 작업은 영화 비즈니스에서 후반작업 업체로 분류되고 있지만, 실제로는 영화가 촬영되기 2~3달 전부터 이미 시나리오를 분석하고 어떤 컴퓨터그래픽으로 어떤 그림을 만들고, 이를 위해 어떤 식으로 촬영해야 하는지에 대한 솔루션을 준비하는 데서 시작합니다. 그리고 촬영현장에 VFX 슈퍼바이저라는 영상전문가를 투입하여 실제 촬영현장 상황을 컨트롤합니다. 촬영이 종료된 후 감독의 편집이 끝나면 영화개봉 전까지 짧으면 1~2달, 길면 6개월에서 1년에 걸쳐 실제 촬영한 영상에 컴퓨터그래픽 작업을 덧입히는 섬세하고도 끈기를 요하는 과정을 진행하고 있습니다. 그동안 참여한 영화는 약 60여 편에 이릅니다. 대표 작품으로는 〈곡성〉, 〈군도〉, 〈화이〉, 〈감기〉, 〈베를린〉, 〈써니〉, 〈좋은놈 나쁜놈 이상한놈〉, 〈세븐 데이즈〉, 〈한반도〉, 〈왕의 남자〉 등등이 있습니다.

학교 다닐 때 나의 캐릭터는 '재기발랄한 이과생' 정도였던 것 같습니다. 논리적이고 과학적인 글을 좋아하여 이론 물리학 관련 책과 수학과목을 좋아했고, 취미생활은 예술 쪽으로 치우쳐서 기타 연주에 탐닉했으며, 워낙 만화를 좋아해 틈만 나면 그림을 그려댔습니다. 어릴 때부터 책 읽는 걸 굉장히 좋아해서 꽤 많은 책을 읽었고, 그만큼 만화도 많이 봤었는데 이 모든 것이 현재 굉장한 콘텐츠로 축적되어 많은 도움이 되고 있습니다. 물론, 그때는 음악, 미술 등 다양한 분야에 흥미를 가지고 좋아하고 잘 했었지만, 나중에 사회에 나가면 결국 이과적인 직업을 가지게 될 거라고 생각했습니다. 그 당시 교육현실이나 부모님의 기대는 '음악, 미술에 대한 재능 같은 건 그냥 취미일 뿐'이라고 생각하게 만들었습니다.

결국 대학교는 전기공학과라는 지극히 이과적이고 실용주의적 전공을 선택했지만 불과 1년이 안 되서 공부를 때려 치우다시피하고(?) 교내 '그룹사운드'와 '광고친구'라는 두 동아리에 가입하여 본격적으로 음악과 미술의 길을 가게 됩니다.

30살이 되기 전까지는 꽤 성공적인 뮤지션으로 대학로 뮤지컬과 연극, 가수의 콘서트 등에서 기타 연주를 하는 음악인으로 살았습니다. 하지만 직업으로서는 너무나 열악한 음악 현실에 실망하고, 나이 서른에 호주로 디자인 유학을 떠나게 되었습니다.

다시 한국에 돌아와 영화 CG 업계에 뛰어들었을 때는 이미 서른셋이었습니다. 다른 친구들보다 5~6년 늦게 뛰어든 영화판이었지만 13년이 지난 현재 그런 차이는 이미 뛰어넘었습니다. 프로 음악인으로서 어린 나이에 사회생활을 해봤던 경험과 늦은 나이에 유학을 떠나면서 가졌던 치열한 마음가짐 때문이었다고 생각합니다.

영화 CG는 엄청난 디테일과 예술적 안목, 끈기 등을 요구하는 아주 어려운 직업 중 하나입니다. 이곳에는 VFX 슈퍼바이저, 프로듀서, 아티스트 등 다양한 세부 직군이 존재하는데 모두 높은 수준의 크리에이티브를 갖추어야 하는 일입니다. 크리에이티브, 즉 창의적 생각과 능력은 일차원적으로 키워질 수 있는 능력이 아닙니다.

제 경우는 어릴 때부터 축적해온 독서(만화도 많은 도움이 됩니다), 음악과 더불어 3~4천 편이 넘는 영화를 감상하며 쌓인 콘텐츠들이 유기적으로 상호작용하여 창의적 아이디어로 발현되는 것입니다. 따라서 끈기 있게 흥미를 가지고 즐거운 마음으로 다양한 콘텐츠들을 흡수하다시피 자기 것으로 만들려는 자세가 반드시 필요합니다.

영화 CG 직업인으로서 가장 보람을 느낄 때는 역시 극장에서 엔드크레딧을 볼 때입니다! 전 세계 일반 대중을 상대로 한 대중예술이기 때문에 내가 참여한 작품을 많은 사람들에게 보여주고 자랑할 수 있는 것입니다. 그래서 보통 첫 번째 참여한 작품의 엔드크레딧을 보며 많은 친구들이 눈물짓기도 하고, 사진으로 찍어 자랑하기도 합니다.

하지만 일견 화려해 보이는 이 직업은 엄청난 디테일과 크리에이티브를 요구해 체력적·정신적으로 스트레스가 큰 직업이기도 합니다. 진짜로 영화를 좋아하고, 좋은 이미지를 보면 흥분을 느끼고, 더 좋은 그림을 만들려는 욕심이 자연스럽게 솟아나야 이 치열한 직업에서 오랫동안 버텨낼 수 있는 것입니다.

영화 CG를 목표로 생각하는 청소년이 있다면 생활 속에서 영화, 만화, 책 등 많은 콘텐츠를 즐기고 향유해 자기 안에 쌓아놓으라고 권합니다. 크리에이티브는 안으로부터 차고 넘쳐야 자연스럽게 흘러나오기 때문입니다.

아이들과 함께 성장한다

- 장현우 / 자운고등학교 국어교사

평판보다는 삶의 가치를 어디에 두고 있는지, 어떤 성향을 지녔는지를 순수한 마음으로 대면해야 합니다. 마음이 여릴수록 주변의 눈에 흔들리며 살 수밖에 없지만 마음속에서 '이건 아닌데. 이건 정말 아니야'라는 외침이 들린다면 반드시 재고해 봐야 합니다.

대학 졸업 후 진로에 대한 고민이 가득할 때 나의 가치관과 성향 등을 종합하여 어떤 직업이 좋을지 깊게 생각해 보았습니다. 물론 그 전에도 이런 생각을 안 한 것은 아니지만, 직장을 구해야 한다는 현실적인 무게에 선택할 수밖에 없었습니다.

부모님이나 주위 사람들에게 조언을 구했지만 대부분 어떤 직업이 지닌 권력이나 재력 등에 초점을 맞추어 매력적으로 다가오지 않았습니다. '세상에 태어나 보람이 있고 세상에 기여할 수 있는 부분이 무엇일까'가 그 당시 삶의 선택 기준이었던 나에게 명예나 권력, 돈 등을 좇는 것은 속물근성의 발현으로밖에 보이지 않았습니다.

다른 사람에게 내가 가진 유·무형의 것들을 나누어 줌으로써 행복을 느낀다는 것을 결부시켜 볼 때 세상에 있는 직업들 중 교직이 가장 적합하다고 결론 내려 삶의 방향을 설정하여 현재까지 오게 된 것입니다. 선택의 순간이 힘들고 신중할수록 그 뿌리는 더 단단하게 고정이 되어 큰 나무로 성장할 수 있는 발판이 되는 것 같습니다.

아이들이 성장하면서 자신도 함께 성장한다고 생각합니다. 교직을 단순히 직업으로, 혹은 안정적이라고 선택하면 후회할지도 모릅니다. '아이들과 함께 성장하는 일'에 관심이 많고 보람과 긍지를 가질 수 있을 때 어떤 외풍이나 시련이 오더라도 꿋꿋이 그 자리에서 스스로의 가치를 찾을 수 있습니다. 사회에서 교사들을 보는 시선이 호의적이지 않고, 교사로서의 자긍심이 없었다면 견디기 힘든 시절도 있었습니다. 하지만 타인의 시선에 좌우되지 않고, 자신의 기준에 가치와 행복을 맡기고 사명감으로 똘똘 뭉쳐 있었기에 스승으로서의 자부심을 갖고 최선을 다할 수 있었습니다. 이는 매슬로우가 말하는 5단계 욕구에서 의식주의 안정, 사회적 평판이나 인정을 고려하여 직업을 선택하지 말고 진정한 자아실현의 단계에서 삶의 방향을 선택할 때 진정한 행복을 맛볼 수 있는 것입니다.

주변 사람들이 학교에 오래 남아 있거나 주말에도 학교에 나와서 많이 힘들겠다고들 하지만, 그것은 일과 삶을 분리하고 보람과 가치를 분리해서 보기에 그런 것 같습니다. 가족을 위해 식사를 준비하거나 빨래를 할 때 그것이 단순히 일이라고만 생각한다면 힘들고 짜증이 날 수도 있지만, 아이들이 맛있게 먹고 깨끗한 옷을 입을 수 있다면 흐뭇해질 수 있습니다. 학교에서의 일도 이와 마찬가지입니다. 물론 개중에는 철이 들어 '고맙습니다'라고 말하는 아이가 있기도 하고, 그냥 먹고 허겁지겁 뛰어나가는 아이도 있지만 성장의 속도가 다르다는 것을 받아들인다면 이해할 수 있는 일입니다. 자신이 하고 있는 일에 진정한 사랑을 느낀다면 그 사람의 삶을 복되고 풍요롭게 만들 것입니다.

저는 참 행복한 사람입니다. 사랑하는 가족이 있을 뿐만 아니라 존경하는 스승이 있고, 마음을 나눌 친구가 있으며 사랑을 듬뿍 줄 제자들이 있기 때문입니다. 그 제자들이 장차 커서 사회의 동량이 되고, 사람들과 더불어 행복을 누리며, 세상에 도움이 될 때 더없는 보람을 느낍니다. 소설 《트레버》의 주인공처럼 세상에 뿌려놓은 행복의 씨앗은 결국 나 자신에게 되돌아온다는 진리를 믿습니다.

인내심을 갖고
준비하는 사람이 되라

- 최보승 / 고려대학교 세종캠퍼스 응용통계학과 교수

초등학교 5학년, 중학교 3학년 두 아이의 아빠로 교수가 된지 6년째입니다. 교수가 되기 전까지 국내외 대학의 연구원, 은행원, 벤처 회사 직원 등 다양한 곳에서 근무한 경험이 있습니다. 살아오면서 전공인 통계학이라는 학문의 특성이 이론 중심이기 보다는 사회 각 분야에 적용될 수 있는 학문이기에 큰 도움이 되고 있습니다.

꿈이라기보다 장래희망은 스포츠 신문기자가 되는 것이었습니다. 그때까지만 해도 우리나라가 지금처럼 발전된 나라도 아니었고, 세계는 이념분쟁으로 동서로 나누어져 있었습니다. 하지만 TV에서 나오는 스포츠 경기에서는 세계가 하나가 되어 있는 것을 볼 수 있었고 이를 취재하는 스포츠 기자가 참 멋있어 보였습니다. 운동은 전혀 못했으니 기자라도 해야겠다고 생각했지요.

하지만 고등학교에 진학하면서 글쓰는데 큰 재주가 없다는 것을 깨닫게 되었고, 수학에 더 재능이 있다고 생각하여 통계학과에 진학하게 되었습니다. 참 다행이었던 게 내가 다닌 고등학교는 공부만을 강요하지 않았습니다. 다양한 동아리 활동을 지원하였고 나는 탈춤반과 봉사 동아리에 참여하였습니다. 공부에 지친 심신도 달래고 즐거운 학교생활의 원

동력이 되었다고 생각합니다. 학업에도 더 열심히 할 수 있는 계기가 되었습니다.

이후 큰 생각 없이 대학원에 진학하여 석사과정을 마쳤고 박사 과정 진학을 결심하면서 지금의 직업인 교수가 되어야겠다고 결심하였습니다. 그때 나이가 27살이었고 교수로 임용된 나이가 40살이었으니 총 13년이 걸렸네요.

청춘의 대부분을 컴퓨터 앞에서 숫자와 씨름하며 보냈다고 해도 과언이 아니네요. 연구 논문도 써야 했지만 통계학의 학문적 특성상 다양한 분야에서 과제를 수행해야 했습니다. 거의 매일 밤늦게까지 연구실에서 시간을 보냈고 주말에도 많은 날을 연구실에서 보냈습니다. 박사과정 중 휴학하고 병역특례회사에서 근무하면서 군대 대신 사회 경험을 쌓았고 박사학위를 마치고 잠시 은행에서 근무하였습니다. 그 시간을 제외한 모든 시간은 대학에서 학생과 연구원으로 생활하였고 결국 대학이 직장이 되었습니다. 가족과 많은 시간을 보낼 수 없었다는 게 가장 아쉬움이 남습니다.

교수는 연구하고 강의하는 직업입니다. 당연히 적성에 맞아야 할 것입니다. 연구 분야에 따라선 책을 엄청 많이 읽어야 하는 분야도 있고, 하루 종일 실험해야 하는 분야도 있습니다.

통계학은 많은 시간을 책과 컴퓨터 앞에서 보내야 합니다. 그 과정이 즐거워야 합니다. 즐겁지 않으면 그 긴 시간동안 준비할 수 없습니다. 눈앞의 결과에 연연해하지 않으며 결과가 나올 때까지 묵묵히 자신의 길을 걸어 나가는 자세가 필요합니다.

통계학은 데이터를 다루는 학문입니다. 수학을 잘하면 도움이 되겠지만 절대적이지 않습니다. 데이터를 읽고 가치 있는 정보를 캐낼 수 있는 데이터 마이너data miner가 되어야 합니다. 데이터를 우리가 사용할 수 있는 정보로 만들어내는 능력이 요구됩니다.

교수라는 직업은 다른 직업에 비하여 그 길에 오르기까지 훨씬 더 많은 시간과 노력이 필요합니다. 꾸준히 준비한다면 성공의 가능성이 훨씬 높은 직업입니다. 돈은 많이 벌 수 없지만 더 많은 보람이 있는 직업입니다. 젊은 학생들과 함께 할 수 있다는 점이 큰 장점이기도 합니다.

권위적이지 않고 학생들과 어울려 선배처럼, 때론 아버지처럼 지내고, 졸업 후 열심히 살아가는 제자들이 찾아와 줄 때처럼 큰 행복은 없습니다. 물론 학자로서 가지게 되는 학문적 성취 또한 큰 보람입니다.

빅 데이터 시대에 더욱 더 가치 있는 학문이 통계학입니다. 백의의 천사로 알려진 나이팅게일은 영국 왕립통계학회의 첫 번째 여성 회원이었습니다. 나이팅게일은 데이터 분석을 통하여 전쟁에서 병사들이 죽는 가장 큰 원인은 전투가 아니라 열악한 병원 시설임을 발견하여 이를 개선함으로써 많은 생명을 구할 수 있었습니다.

교수가 아니더라도 통계학자로 살아간다면 데이터가 필요한 사회의 모든 분야에서 그 진가를 발휘하면서 많은 보람을 느낄 수 있을 것입니다.

자신의 결정에
책임지고 노력해야

- 권진아/ 서울대학교 법과대학원 박사과정 수료

우리 후배들은 한 가지 꿈을 갖고 있는 경우도 있고, 때에 따라 꿈이 변하는 경우도 있을 겁니다. 오직 한 길만을 바라보고 달려가는 것도 훌륭하지만, 여러 일을 거치면서 자신과 맞는 길을 찾아가는 것 또한 의미 있는 과정이라고 생각합니다. 저는 지금 서울대학교 법과대학원에서 법학박사 과정을 수료하고, 학위논문을 준비하고 있습니다. 학자와 연구자의 길에 대해 몇 가지 느낀 바가 있습니다.

만약 가장 중요하게 생각하는 가치가 경제적인 성공이라면 학자나 연구자의 길은 가지 않는 편이 좋겠습니다. 보통 '교수는 본인만 좋고 그 가족은 안 좋다'는 말을 농담으로 합니다. 본인은 공부를 좋아하니 자기 일에 만족하지만, 경제적인 보상이 많지 않아 가족은 불만이라는 뜻입니다.

저 자신도 예전부터 공부를 좋아했던 건 아니었어요. 중고등학교 때는 식물을 연구하는 학자가 되고 싶다고 생각했던 적도 있었고, 하고 싶은 일이 여러 번 바뀌었던 것 같습니다. 처음엔 서울대학교 소비자 아동학과에 진학했는데, 막연히 소비자학이 좋아보였고 주위에서도 괜찮다고 하니까 선택했습니다. 막상 공부해보니 소비자학은 정책과 법이 중요하고, 피해구제를 위해서는 법학도 공부해야겠다고 생각하여, 졸업할 무렵 반대를 무릅쓰고 진로를 바꾸어 연세대학교 법학과에 다시 편입학했습니다. 이후 서울대학교 법과대학원에서 법학석사 학위를 받고 이어서 박사과정에 입학했습니다. 직업을 통해 사회에 기여할 수 있을 때 보람을 갖는데, 특히 관심을 갖고 연구하는 소비자법 분야는 소비생활을 하는 국민 누구에게나 도움이 되는 법과 정책을 제안할 수 있다는 점에서 자부심을 갖고 있습니다.

연세대학교 법학과에 편입학 후에 사법시험 공부도 했었는데요, 졸업하던 해에 어머니가 교통사고로 오랫동안 병원에 입원하면서 병간호를 하고 집안일을 해야 할 상황이 되어 고시공부를 그만두었습니다. 저희 집은 안동에 부모님이 계시고, 어릴 때부터 형제자매끼리 서울에 살면서 학교에 다니고 부모님이 늘 서울~안동을 왕래하셨는데, 당시 언니 오빠들이 외국에 있거나 가정이 있어서, 제가 해야 할 일이 많았습니다. 그때 앞으로 무엇을 할 것인가 고민하다 혼자 결정하고 대학원에 진학하여 공부의 길로 들어섰습니다. 아마 친가에 교수가 몇 분 계시고 사촌들 중에 교수, 연구원이 많은 편이라 아마 공부하는 길이 낯설지 않았던 것 같습니다. 동종의 직업을 가진 가족이 많으면 여러 가지 유무형의 도움도 받습니다.

학자나 연구자의 길은 전공별로 조금씩 차이는 있지만, 대체로 상당히 긴 시간을 경제활동을 하지 못하고 공부만 해야 합니다. 학생 본인이 아르바이트를 하거나 가족의 도움을 받는 경우가 많습니다. 서울대학교는 박사과정의 경우 학문후속세대로 양성하기 위해 등록금이 전액 면제되고 매달 생활비도 주기 때문에, 그 장학금 덕분에 공부를 계속 할 수 있었습니다. 중간에 유학을 다녀오는 경우에는 장학금을 받는다 해도 부모님의 도움을 받는 경우가 많습니다.

외국의 학문도 공부해야 하므로, 외국어는 늘 연습해야 합니다. 기회가 된다면 외국유학을 다녀오는 것도 좋습니다. 저는 미국 U.C.Berkeley의 로스쿨에 방문연구원, 프랑스 파리2대학 민법연구소에 연구원으로 다녀왔는데, 완전히 새로운 환경에서 공부하는 것이 정말 행복했습니다. 외국생활은 이런저런 고생도 하지만, 낯선 곳에 자신을 다 던져서 스스로 모든 일을 해내는 경험을 하고 나면, 어떤 일을 하든 불확실한 상황 앞에서 자신감을 갖는 계기가 됩니다.

그리고 학부 때 학점관리를 잘 해두면 여러모로 좋습니다. 문중에 장학재단이 있어 학부 성적우수자에게 특별장학금을 준다기에 그 장학금도 받고 부모님께 칭찬받을 생각으로 열심히 공부했던 기억이 납니다. 그래서 서울대학교 소비자 아동학과는 차석으로, 연세대학교 법학과는 수석으로 졸업했는데 석사, 박사과정 입학할 때와 외국에 연구원으로 나갈 때 매번 유리하게 작용했습니다.

공부하는 길은 자기 연구 분야에서 느끼는 즐거움도 있지만, 상상하지 못했던 어려움도 여러 차례 있었고, 괴롭고 힘든 일이 많았습니다. 오랜 기다림과 숱한 시련을 겪어야 하는 것은 다른 직업도 마찬가지일 겁니다. 그렇지만 연구 분야에 대한 강한 애착과 이 일이 중요하다는 믿음 때문에 이 길을 열심히 가고 있는 것 같습니다.

고등학생인 여러분은 앞으로 무엇을 할지 아직 결정하지 못했어도 너무 불안해하지는 마세요. 누구나 다 그렇고, 결정했다고 해서 쉽게 가는 것도 아니랍니다. 선택은 오랜 고민 끝에 할 수도 있고, 순간적 결단으로 할 수도 있지만, 일단 선택한 이후의 인생은 온전히 스스로 책임지고 견뎌야 합니다. 자기 일을 정하고 정성을 쏟고 열심히 하다보면, 어느 순간 자신이 바라는 열매를 맛볼 수 있을 것입니다.

직업군인이 되는 길

- 하철언 / 육군 중령

현재 강원도 중부전선 전방에서 대대장
직을 수행하고 있고, 사관학교를 포함 20여 년 동안 군복을 입고 있습니다. 박하식 선생님
은 제 고등학교 3학년 담임선생님이셨고 자연스레 저의 진로에 많은 영향을 끼쳤습니다.
당시에는 멘토라는 표현이 지금처럼 일반화 되지는 않았지만 선생님은 저의 아름드리나무
이자 큰바위 얼굴과 같은 멘토로서 지금의 제가 있기까지 크고 선한 영향력을 미쳤습니다.

어릴 적 나는 제복에 대한 일종의 판타지를 갖고 있었고. 경찰이나 군인이라는 직업
에 대해 막연히 동경했던 것 같습니다. 또한 분단국가에서 태어나 조국 수호와 통일에 기여
해야 한다는 시대적 사명감과 소명의식도 작게나마 갖고 있었던 것 같습니다. 결정적으로,
친한 친구의 형이 사관학교로 진학하게 된 것은 제게 구체적인 꿈과 비전을 심어 주었습니
다. 하지만 당시에는 사관생도의 제복에 매료되었다고 하는 게 좀 더 솔직한 표현일 것입니
다. 물론 그 선택에 대해 어떠한 후회도 없지만, 여러분은 보다 구체적인 정보를 토대로 깊
이 고민한 후에 자신의 진로를 결정했으면 하는 마음입니다.

먼저 직업군인이 되기 위한 방법은 무척 다양합니다. 우선 장교와 부사관, 각 신분별
로 임관하기 위해서는 다양한 양성교육기관에서 교육을 받아야 합니다. 그 중 장교가 되기

위한 대표적 교육기관이 사관학교이며, 최근에는 군사학과를 개설한 대학이 많아 직업군인이 되는 방법이 보다 폭넓어졌습니다.

임관 이후에는 각급 부대에 지휘자와 지휘관, 참모장교의 임무를 수행하게 됩니다. 각 계급별로 많은 직무 전문성을 요구하기 때문에 수행할 직책에 맞는 보수교육을 받게 되며, 짧게는 몇 주에서 길게는 1년에 걸쳐 전문성 있는 군인이 되기 위한 교육을 받습니다. 또한 육군에서는 미래를 선도할 수 있는 인재를 육성하기 위해 국내·외 석사, 박사학위 교육과 동맹국 및 우방국 군사교육기관에서 교육을 받을 수 있도록 매년 수백 명의 장교와 부사관을 선발하여 교육하고 있습니다.

그렇다면 직업군인에게 요구되는 능력과 태도는 무엇일까요? 일반적으로 갖고 있는 군인에 대한 세 가지 오해에 대한 제대로 된 이해를 할 필요가 있습니다.

첫 번째 오해는 '군인은 군대체질이어야 한다'는 것입니다. 이 말은 군조직의 목적과 목표에 적합한 구성원이 되기 위해 조직에 적응하는 과정이 쉽지 않기 때문에 처음부터 군에 적합한 사람이 입대해야 한다는 의미입니다. 하지만 리더는 태어나는 것이 아니라 만들어진다는 교육과 성장의 관점에서 보면 군대체질이라는 것은 없습니다. 어느 조직에서나 상위 직급으로 올라가기 위해서는 그 직급에 필수적인 업무능력과 리더십을 개발하기 위한 각고의 노력이 필요하다고 이해하면 좋을 것입니다.

두 번째 오해는 '군인은 공부하지 않아도 된다'입니다. 이는 매우 위험한 발상입니다. 군대는 국가 방위의 보루로서, 국가의 흥망성쇠를 좌우하고 국민의 생명을 책임지게 됩니다. 전술을 잘 모르고 부대를 지휘하는 지휘관은 의술을 잘 모르고 환자를 수술하는 의사와 같다고 할 수 있습니다. 군인은 정치, 외교, 국제관계는 물론 전쟁사를 포함한 역사와 전략 및 전술 그리고 이에 수반되는 교리에 대해 끊임없이 연구해야 하며, 이는 무력과 생명을 다루는 군인에게 숙명과도 같습니다.

세 번째 오해는 '체력이 강해야 한다'입니다. 물론 이것은 사실입니다. 군인은 전쟁 시에 자신의 생명뿐만 아니라 전우의 생명을 책임지면서 적에 대항해 싸워야 합니다. 당연히 강인한 체력이 필요합니다. 그러나 현대전은 그 영역이 매우 광범위하여 다양한 분야의 인재를 필요로 합니다. 법무, 군의, 치의, 간호, 행정, 전산, 통역, 연구 등 다양한 전문성을 가진 인재를 요구하고 있으며, 이미 많은 여군이 적재적소에서 그 능력을 발휘하고 있고, 여성인력의 역할 범위가 확대되고 있다는 것이 이를 말해줍니다.

마지막으로 직업군인이 갖는 보람이 지대하다는 것입니다. 군인의 보람은 제복 입은 자의 헌신에서 비롯되며 이는 군인만이 누릴 수 있는 특권입니다. 군인은 확고한 사생관으로 무장되어 국가와 국민을 위해 어떤 임무든 완수할 준비가 되어 있어야 합니다. 또한 군인은 국민을 위한 희생과 목숨을 걸고 임무를 수행하는 명예를 그 전제로 하고 있어 사회적 인정과 존중의 대상이 되며, 직업적 안정성을 보장받게 됩니다.

그렇다면 여러분이 군인이 되고 싶다면 무엇을 준비해야 할까요? 가장 먼저 여러분이 학생으로서의 본분을 다하기를 당부합니다. 학업에 충실하고 올바른 역사관을 확립하는 동시에 예체능 시간에도 충실히 임해 체력을 단련하고 타인과 함께 공감할 수 있는 감성을 키워야 합니다. 학교라는 조직의 규범과 규칙을 준수하고, 교내에서 경험하게 되는 다양한 상호관계 속에서 리더십을 개방하는 것도 그 중 하나라 할 수 있습니다.

마지막으로 직업군인에 대해 객관적 정보를 얻도록 노력해야 한다는 것입니다. 우리나라의 대부분의 성인 남자들은 대부분 군을 직·간접적으로 경험합니다. 그래서 군에 대해 다양한 의견을 갖고 있지만 직업군인 또는 군대 전반에 대한 전문 지식을 갖고 있지 못한 상태에서 자신의 경험에 의존해 전체를 일반화하는 경우가 많습니다. 따라서 군과 군인에 대해 주변 사람들로부터 들은 이야기만으로 판단하기 보다는 신뢰성 있는 각 사관학교와 대학별 군사학과의 입시자료를 참고하고, 사관생도나 후보생 그리고 직업군인들과의 직접 면담을 통해 보다 전문적인 정보를 얻기를 바랍니다. 이런 객관적이고 신뢰성 있는 정보를 통해서 여러분은 좀 더 타당한 진로에 대한 의사결정의 근거를 찾을 수 있을 것입니다.

끝으로 미래 대한민국을 이끌어갈 후배 여러분의 꿈을 향한 끊임없는 열정과 노력을 응원하며 여러분이 꾸고 있는 꿈이 꿈에서 그치지 않고 현실로 이루어지기를 바랍니다.

직업은 자신의 꿈을
실천하는 도구

- 김웅수 / 셀라성형외과 원장

1988년도에 박하식 교장선생님으로부터 가르침을 받은 제자로서 대학병원 성형외과 교수를 지냈고 지금은 강남의 성형외과 원장입니다. 사실 나 또한 중고등학교를 거치는 동안 "넌 장래 희망이 뭐니?" 또는 "나중에 어떤 직업을 가지고 싶니?"라는 질문에 선뜻 답하기 어려운 학생이었습니다. 왜냐하면 딱히 원하는 장래 희망이나 직업이 없었기 때문입니다. 당시는 나도 꿈이 없는 학생인 줄 알았습니다. 나중에 나이가 들어 어른이 되고 보니 '꿈'이라는 것은 '직업'이 아니라 '어떻게 살고 싶은지에 대한 질문'이라는 것을 알게 되었습니다.

많은 사람들이 꿈과 직업을 혼동하는 경우가 많습니다. 일반적으로 장래 희망에 대해 질문하면 많은 학생들이 의사, 판사, 변호사, 과학자, 연예인, 대통령, 외교관 등과 같이 직업을 말하는 경우가 많습니다. 하지만 그들이 원하는 것은 사람을 죽이는 의사, 불의한 판사, 불행한 연예인 등은 아닐 것입니다. 아마도 사람을 살리는 의사, 정의를 실천하는 판사, 남에게 즐거움을 주는 연예인 등이 그들이 원하는 것이겠지요.

이렇듯 꿈은 '장래 희망'이고 직업을 통해 본인이 하고자 하는 일이며 '어떻게 살고 싶은가'에 대한 질문인 것입니다. 그런 면에서 보면 나는 꿈이 없었던 학생이 아니라 특정 직업에 대한 욕심이 없었던 학생이라고 하는 것이 더 맞을 듯합니다.

내 꿈은 '행복하게 사는 것'입니다. 사실 행복이란 것은 모든 사람들의 궁극의 목표이기도 합니다. 세상에는 많은 '행복론'이 존재하고 행복을 설명하는 많은 이론들이 존재하지만 사전적 행복의 의미인 '자신의 욕구가 충족된 상태'라는 정의에 대해 많은 사람들이 동의합니다. 하지만 인간이 가진 여러 가지 욕구 중에는 행복과 비례하는 욕구도 있습니다만 그렇지 못한 경우가 더러 있기도 합니다. 행복과 비례하는 인간의 욕구 중 대표적인 것은 '사랑받고 관심 받고 싶어하는 욕구'입니다. 사랑과 관심을 받기 위해 많은 사람들이 높은 지위, 아름다운 외모, 많은 재산을 가지고자 노력합니다만 그러한 물질적 조건으로는 행복을 살 수 없는 경우가 많습니다. 사랑을 받고 관심을 받는 가장 좋은 방법은 남들에게 사랑을 주고 관심을 주는 방법입니다.

그러기 위해서 나 또한 사랑과 관심을 주고자 많은 노력을 합니다. 직업이 의사이기 때문에 진료를 통해서 최선의 결과가 나오도록 노력함과 동시에 환자의 마음을 어루만져 줄 수 있도록 여러 가지 노력을 합니다. 환자에게 대하는 것뿐만 아니라 직장동료나 주변의 친구나 이웃에게도 사랑과 관심을 나눠 주려고 애를 쓰는 편입니다. 그것이 우리의 이웃들을 모두 행복하게 할 수 있다고 믿기 때문입니다.

사람들은 직장에서 인생의 많은 시간을 보냅니다. 그리고 직업을 통해서 많은 인간관계가 형성됩니다. 만약 그러한 직업이 단순하게 돈을 버는 수단으로 전락한다면 인간관계가 매우 삭막하고 비인간적이 될 것입니다. 그로 인하여 '행복한 삶'과는 정반대의 삶을 살게 될 확률이 높아지겠지요. 따라서 직업은 돈을 버는 수단이 되어서는 절대 안 되며 사랑을 전달하고 실천하며 인생을 풍요롭게 하는 작업이 되어야 합니다.

올바른 직업을 선택하려면 올바른 직업관이 있어야 함은 당연한 일입니다. 하지만 최근 여러 학생들을 보면 안타깝게도 직업을 선택함에 있어서 직업을 돈벌이 수단 내지 출세를 하기 위한 도구로 생각하는 경우가 많습니다. 직업은 돈을 벌기 위한 수단이라기 보다 꿈을 실천하기 위한 도구라고 생각해야 합니다.

자신이 원하는 직업을 찾기 전에 반드시 '어떻게 살 것인가'에 대한 진지한 자기 성찰을 통해서 자신의 꿈을 먼저 찾기를 바랍니다. 그리고 그 꿈에 대한 강렬한 소망이 있다면 그 꿈을 이루기 위한 방법을 찾아낼 것입니다. 간절히 소망하는 꿈은 그 자체만으로도 가치가 있으며 이를 실현시키기 위해 노력한다면 자연스럽게 꿈을 이루기 위한 자신이 좋아하는 직업을 가지게 될 것입니다.

아마도 자신을 돌아보면 잘하는 것과 못하는 것이 있을 겁니다. 어쩌면 지금은 잘하는 것보다 못하는 것이 더 많을지도 모르지요. 하지만 세상의 어떤 누구도 장점만 있고 단점이 없는 사람은 없으며 태어날 때부터 다 잘하는 사람도 없습니다. 인생을 살면서 넘어지지 않는 사람이 성공하는 것이 아니라 많이 넘어져도 잘 일어나는 사람이 성공합니다. 그리고 실패를 딛고 일어선 사람이 더 높은 곳으로 나아갈 수 있는 것입니다. 지금 현재 미숙하다고 해서 실망하거나 좌절하지 마십시오. 비록 지금의 미숙함이 여러분을 넘어지게 만들겠지만 그 좌절이 여러분을 더욱 강하게 만들 것이기 때문입니다. 꿈에 대한 확신과 긍정적인 미래관을 가지고 한 걸음 한 걸음 나아간다면 어떤 직업을 갖더라도 여러분의 인생은 성공적일 것이라 생각됩니다.

기업이나 개인 업무의 조력자

- 임병우 / 김&장 법률사무소 변호사

한국의 대형 로펌 중 하나인 김&장 법률사무소의 국제중재팀, 해외건설팀 및 국가계약팀 파트너 변호사로 일하고 있습니다. 업무 대부분이 한국 기업이 연관된 국제 분쟁을 소송과 유사한 중재절차를 통해 해결하거나, 해외건설이나 국가계약과 관련한 프로젝트 수주나 수행을 위한 계약 협상 및 계약서 작성을 자문하는 일입니다.

최근에는 좀더 분야를 전문화해서 주로 중동지역에서 대규모 발전소나 화학 플랜트 건설에 주시공자로 참여한 한국 건설사들이 시공 지연이나 설계 변경으로 인하여 겪게 되는 손해를 줄이기 위한 분쟁을 해결하는 일이나 자문을 많이 하고 있습니다. 상당수 건설사들이 중동 지역의 대형 프로젝트에서 적게는 수십억 원 많게는 수천억 원의 손해를 보거나 볼 위험에 처해 있습니다. 하지만 기업은 외국어로 된 계약서와 적용되는 외국 법률에 대한 이해도가 부족해서 그러한 손해가 감소되기는커녕 오히려 확대되고 있는 상황입니다. 이를 해결, 개선하기 위하여 해외건설 및 관련 분쟁의 법률적 이슈를 잘 이해하고 있는 법률 전문가들의 조력이 많이 필요하게 되었기 때문입니다.

때로는 규모가 수조 원에 이르는 프로젝트 수주나 이행을 위한 계약 협상에도 참여하게 되고, 이러한 계약이 성공적으로 체결되면 해당 고객사, 그리고 한국의 국익에 조금이나마 도움이 되었다는 보람을 느낄 수도 있습니다. 다양한 나라로 출장을 가 현지에서 업무하면서 국제적인 전문가로 성장해가는 것도 이같은 직종이나 업무를 선택하는 장점입니다.

어릴 때 나의 꿈은 아버지와 같은 의사가 되는 것이 목표였습니다. 중학교 이후 의사보다는 좀더 활발하게 사회활동을 할 수 있는 법조인이 되기를 추천한 아버지의 조언으로 목표를 전환하게 되었습니다. 국제 업무 담당 변호사가 되기로 결심한 것은 법과 대학에 입학한 후입니다. 조직 속에서 조금은 경직, 절제된 생활을 해야 하는 판사, 검사보다는 국제 무대에서 대규모 프로젝트를 수행하고, 대규모 분쟁을 해결하는 변호사가 훨씬 더 재미있을 것이라고 생각했기 때문입니다.

내가 법조인이 된 1990년대 말만 하더라도, 한국에서 법조인이 되는 과정은 단순했습니다. 좋은 성적으로 사법시험에 합격하면 되는 것이었습니다. 몇 차례 실패할 정도로 공부는 힘들었지만 부모님의 지원에 힘입어 무난히 그 과정을 넘겼습니다. 별다른 재주가 없어서 그나마 '공부하고 시험보는 것'을 제일 잘 할 수 있었기 때문에 시험 준비를 잘 할 수 있었는지도 모릅니다.

김&장 법률사무소에 입사하여 변호사로 일하면서 가장 힘들었던 것은 사실 영어인데, 국제 업무는 멋있지만 외국에서 살아본 경험이 없어서 영어로 대화하고 문서 작성하는 것이 무척 어려웠습니다. 특히 수백억 원, 수천억 원이 관여된 중요한 프로젝트에서는 더욱 신경을 써야 했습니다.

변호사 업무에 필요한 중요한 자질은 신중함, 꼼꼼함을 포함한 성실함, 업무에 대한 자부심이라고 생각됩니다. 법률지식이나 국제 업무를 위한 어학 실력을 갖추는 것은 기본입니다. 대형 프로젝트의 경우에는 다양한 이슈들이 제기되고 여러 사람과 같이 일하게 되므로 넓은 시야, 주위를 아우를 수 있는 포용력, 팀을 이끌어 나가는 리더쉽도 함께 요구됩니다.

나는 이 직업이 나에게 잘 맞다고 생각하고 좋아합니다. 무엇보다 다른 사람에게 도움이 되도록 조언을 할 수 있다는 점이 좋고, 특히 국가 경제에 도움이 되는 프로젝트를 진행하거나 손해를 줄이는 데 일조할 수 있다는 점이 좋습니다.

하지만 변호사는 겉으로는 화려할 수 있지만 특히 국제 업무를 진행하는 변호사의 생활은 쉽지 않습니다. 외국과 상대하여 일을 하다 보면 시차 관계로 저녁이나 새벽에 통화나 업무를 진행해야 할 상황이 많아서 대부분 자정 혹은 그 이상 일을 해야 하고, 주말에도 일을 해야 하는 경우가 많습니다. 가족이 이런 점을 가장 아쉬워 합니다. 아직 꼬마인 아들에게 너도 아빠처럼 변호사할래 하면 "아빠 같이 일요일도 일하는 직업 안 할래'라고 대답할 때는 살짝 마음이 아플 때도 있습니다.

그래도 나는 학생들에게 이런 비슷한 직업을 택할 것을 추천하고 있습니다. 우리 사회와 기업은 여전히 더 많은 법률 수요를 필요로 하고, 이러한 새로운 법률 수요는 좀 더 창의적, 역동적 젊은 법률전문가들이 기성세대보다 더 잘 할 수 있는 분야이기 때문입니다. 또 국제 무대에서 다문화, 다국적 전문가들을 만나 대화하면서 업무하다 보면 스스로 많이 성장하는 것을 느낄 수 있을 것입니다.

부록

나의꿈
나의삶 20

미리 써보는
자기소개서

이번 장은 여러분이 앞으로 작성하게 될 자기소개서,
여러분이 집필하게 될 자서전의 토대가 될 것입니다.
자신의 모습과 특징, 그리고 여러분의 당찬 꿈이
잘 드러날 수 있도록 적어보세요.

나의 성장과 생활

가족, 주변환경, 나에 대한 일화, 영향을 미치는인물을 중심으로 작성해봅니다.

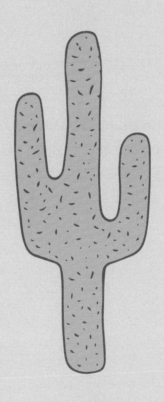

01 태어나서 초등학교 전까지의 나에 관해 기술해보세요.

02 초등학교 시기의 나에 관해 기술해 보세요.

03 중학교, 고등학교 시기의 나에 관해 기술해 보세요.

_____

_____

_____

_____

_____

_____

_____

_____

_____

_____

_____

_____

_____

_____

04 지금까지의 삶에서 가장 힘들었던 일은 무엇이고, 어떻게 극복을 했나요?

05 내가 생각하는 나의 강점과 부족한 점을 기술해 보세요.

02

나의 관심사

01 어떤 성격을 가진 사람이 가장 바람직하다고 생각하나요? 그리고 그 기준에서 볼 때 여러분 자신은 어떤 면에 더욱 노력해야 할까요?

02 내가 들었던 말씀, 읽었던 글 중에서 늘 마음속에 간직하고 있는 것은 무엇인가요?

03 내가 관심이 많고 흥미를 갖고 공부를 했던 과목들과 그 과목의 어떤 내용에 대해 관심이 많으며 그와 관련하여 내가 한 활동은 무엇이었나요?

04 내가 가본 곳과 경험했던 일 중에서 가장 인상 깊었던 것은 무엇이었고 거기서 받은 느낌은 무엇이었나요?

05 가장 많은 시간을 들여 참여한 활동과 그 활동을 통해 느낀 것은 무엇이었나요?

03

나의 진로

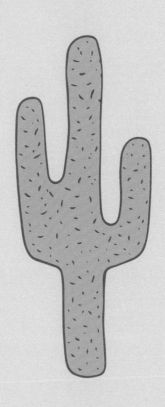

01 어떤 사람으로 기억되기를 바랍니까?

02 가장 하고 싶은 일은 무엇인가요? 그리고 그 일을 할 수 있는 직업은 무엇인가요?

03 하고 싶은 일을 위해서는 어느 분야에 전문적인 공부를 하고 훈련을 해야할까요?

04 하고 싶은 분야에 대한 충분한 자격을 갖추기 위해서 앞으로 어떤 학교에서 무슨 공부를 해야할까요?

05 보수가 주어지지 않은 활동이지만 내가 꼭 해야한다고 생각하는 것은 무엇인가요?

09

멋있는 삶

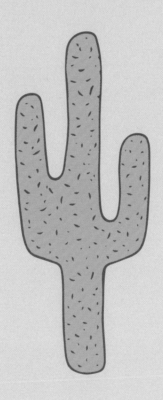

01 여유 시간이 주어질 때 지금까지 무엇을 주로하였으며 앞으로 어떻게 하고 싶나요?

02 마음을 털어 놓는 친구가 얼마나 있나요? 많다고 생각하면 친구들에게 나는 어떤 친구인가요? 적거나 거의 없다고 생각하면 나의 어떤 성격이나 태도 때문에 그럴까요?

03 결혼은 언제쯤 생각하고 있고 어떤 가정을 이루고 싶나요?

04 꼭 가보고 싶은 나라는 어떤 나라들인가요? 그 이유도 간단히 적어 보세요.

05 나의 삶을 영화로 만들었을 때 명장면은 어떤 장면일까요?

06 50대 이후에 나의 자서전을 쓴다면 제목을 무엇이라고 하고 싶나요?

하루 10분, 네 꿈을 기록하라

ⓒ박하식, 2017

초판 1쇄 발행   2017년 3월 20일
초판 2쇄 발행   2017년 5월 10일

지은이   박하식
펴낸이   이경희

책임편집   민서연
디자인   이지아
영업총괄   권순민

발행   글로세움
출판등록   제318 - 2003 - 00064호(2003.7.2)

주소   서울시 구로구 경인로 445(고척동)
전화   02 - 323 - 3694
팩스   070 - 8620 - 0740
메일   editor@gloseum.com
홈페이지   www.gloseum.com

ISBN   979 - 11 - 86578 - 37 - 7 43370